복 있는 사람

오직 여호와의 율법을 즐거워하여 그 율법을 주야로 묵상하는 자로다.
저는 시냇가에 심은 나무가 시절을 좇아 과실을 맺으며 그 잎사귀가 마르지 아니함 같으니
그 행사가 다 형통하리로다. (시편 1:2-3)

우리의 눈에 회개의 눈물이 마른 것이 한국교회의 가장 큰 문제 중 하나라고 생각하는 나에게 "회개는 결코 때가 따로 있지 않고 장인의 연장이나 병사의 무기처럼 늘 곁에 두고 사용해야 하는 것"이라는 저자의 글은 큰 도전과 충격을 주었다. 어느 때보다 더 많은 눈물의 회개가 요청되는 현실 앞에 회개하는 자들을 만나기 어려운 이유는 무엇일까? 그것은 회개에 대한 참된 속성을 잊고 특별한 순간에, 특별한 기도 제목을 가지고 회개하는 것으로 제한시켰기 때문이 아닐까? 회개는 죄를 인식하고 슬퍼하며, 그것을 토설하고, 수치와 부끄럼 가운데 죄를 미워함으로 이에서 돌이키는 것으로, 특히 마음의 변화가 핵심이라는 저자의 주장에 오늘 우리는 다시 한 번 귀 기울여야 한다. 주님 앞에 서는 날까지 죄를 향한 신실한 슬픔을 잃지 않는 회개를 통해 우리는 영적인 피상성을 넘어 바른 경건이 주는 참된 즐거움과 부흥으로 나아가야 할 것이다.

화종부 남서울교회 담임목사

토머스 왓슨은 자신을 가리켜 "여러분의 영혼의 행복을 간절히 바라는 자"라고 서두에 적어 놓았는데, 이 책을 읽는 동안 그에게서 목회적 사랑을 깊이 느낄 수 있었다. 회개에 대한 사랑 어린 그의 가르침을 통해 회개를 모르는 나 자신의 모습을 발견하였고, 내 신앙이 성숙하지 못한 이유를 깨닫게 되었다. 신자가 회개해야 함은 너무나 당연한 것이기에, 그의 신앙생활에서 회개가 늘 곁돈다면 그리스도와 교제하는 참된 경건은 결코 열매 맺지 못할 것이다. 이 책은 자신의 죄를 보며 슬퍼하고, 그것을 부끄럽게 여기며 고백하고, 또한 죄를 미워하고 돌아서는 참된 신앙으로 우리를 인도한다. 이 책에서 독자들은 자신의 회개 생활을 점검함으로써 죄 사함을 받는 자의 행복과 위로를 족히 누리게 될 것이다.

김병훈 합동신학대학원대학교 조직신학 교수

죄와의 치열한 혈투로 유명한 토머스 왓슨의 『회개』는 청교도 경건의 정수를 우리에게 소개한다. 자기최면 혹은 자아도취 수준의 편만한 회개 개념을 꼬집고 회개의 진정한 본질, 즉 죄에 대한 직시와 이로 인해 영혼의 심연에서 솟구치는 슬픔, 죄에 대한 정확하고 구체적인 고백, 죄인으로서 하나님을 향해 얼굴을 들지 못하는 수치심, 죄에 대한 총체적인 미움, 그리고 죄로부터의 전인격적 돌이킴을 제시한다. 회개는 치부의 공공연한 노출이나 발각이 아니라 하나님의 무한한 은혜라는 왓슨의 생각이 담긴 이 책은 실질적인 회개 경험자의 생생한 고백이다.

한병수 전주대학교 선교신학대학원 교의학 교수

토머스 왓슨은 청교도 시대를 복음주의 문학의 황금기로 만들었다. 그의 모든 작품에는 건전한 교리와 가슴을 파고드는 준엄한 체험과 실용적인 지혜의 행복한 결합이 있다.

찰스 스펄전

교리에 대한 깊은 이해, 명확한 표현, 따뜻한 영성, 적용에 대한 사랑, 탁월한 예증 능력 등으로 인해 토머스 왓슨의 설교가요 작가로서의 명성이 강화되었다. 그의 책은 오늘날에도 여전히 폭넓게 읽힌다.

조엘 비키

나는 지금도 그렇거니와 여러 해 동안 청교도들을 사랑했다. 나는 그들의 책을 읽음으로써 후히 영적인 자양분을 취한다. 하지만 청교도라 해서 모두 같은 것은 아니며, 청교도들의 저작들 또한 그 가치가 한결같지는 않다. 토머스 왓슨 같은 이들은 강렬한 설교자요 전달자였다. 그림을 보듯 생동감 넘치는 서술로 그의 글은 시간이 흘러도 변함없이 탁월하다.

제임스 패커

선택이 쉽지는 않다! 하지만 토머스 왓슨의 책들은 지금까지 애독자가 많은데, 이는 다양한 교리를 뚜렷하게 배열해 내고, 대단히 쉬운 문체로 분명하게 제시해서(물론 그는 어려운 고전 작가들을 인용하고 독자들에게 그들을 알리고 싶어한다!) 마지막에는 모든 것을 놀랍도록 실제적인 적용으로 끝내기 때문이다.

싱클레어 퍼거슨

청교도의 저서를 처음 접하고자 하는 이들은 토머스 왓슨의 책으로 시작해야 한다.

이안 머레이

회개

Thomas Watson

The Doctrine of Repentance

회개

토마스 왓슨 지음 · 김동완 옮김

오늘을 위한 퓨리탄 01

북앳는 사람

회개

2015년 9월 21일 초판 1쇄 발행
2022년 12월 26일 무선판 1쇄 인쇄
2023년 1월 2일 무선판 1쇄 발행

지은이 토머스 왓슨
옮긴이 김동완
펴낸이 박종현

(주) 복 있는 사람
주소 서울특별시 마포구 연남동 246-21(성미산로23길 26-6)
전화 02-723-7183, 7734(영업·마케팅) 팩스 02-723-7184
이메일 hismessage@naver.com
등록 1998년 1월 19일 제1-2280호

ISBN 979-11-92675-34-3 03230

The Doctrine of Repentance
by Thomas Watson

Copyright © 1987 by The Banner of Truth Trust
Originally published in English as *The Doctrine of Repentance*
by THE BANNER OF TRUTH TRUST, 3 Murrayfield Road, Edinburgh EH12 6EL, UK
P.O. Box 621, Carlisle, PA 17013, USA
All rights reserved.

This Korean translation edition © 2015 by The Blessed People Publishing Inc.,
Seoul, Republic of Korea.
This Korean edition is published by arrangement of The Banner of Truth Trust
through rMaeng2, Seoul, Republic of Korea.

이 한국어판의 저작권은 알맹2 에이전시를 통하여 The Banner of Truth Trust와 독점 계약한
(주) 복 있는 사람에 있습니다. 신저작권법에 의하여 한국 내에서 보호받는 저작물이므로
무단 전재와 무단 복제를 금합니다.

차례

해설의 글 011   저자 서문 016

chapter 01. **서론**	021
chapter 02. **거짓 회개**	027
chapter 03. **참된 회개의 본질 I**	031
chapter 04. **참된 회개의 본질 II**	060
chapter 05. **회개를 강권하는 이유와 경고**	090
chapter 06. **엄중히 회개를 권고함**	096
chapter 07. **회개의 강력한 동기**	113
chapter 08. **신속한 회개를 권고함**	127
chapter 09. **회개에 대한 평가와 회개자들에게 주는 위로**	137
chapter 10. **회개의 방해 요소를 제거함**	146
chapter 11. **회개를 위한 몇 가지 수단 I**	157
chapter 12. **회개를 위한 몇 가지 수단 II**	175

해설의 글 아직도 청교도를 읽다니!

청교도라는 이름은 많은 이들에게 호감을 주지는 않는다. 청교도 하면 숨 막힐 정도로 삶의 세부적인 부분까지 엄격한 윤리적인 잣대로 규제하는 도덕적인 결벽주의자, 인생의 모든 즐거움과 재미를 말살해 버리는 금욕주의자, 독선적이고 폭력적인 정죄와 비판을 일삼는 바리새인의 이미지를 떠올리는 이들이 적잖다. 이런 부정적인 선입관이 청교도의 진가를 발견하여 음미하는 길을 원천적으로 봉쇄한다.

그렇다면 왜 지금도 청교도를 읽어야 할까? 그것은 그들 안에 시대를 초월하는 영성의 보화가 듬뿍 담겨 있기 때문이다. 특별히 영적으로 어두운 시대에 더욱 영롱하게 빛날 보석들이 영적인 방향감각을 상실한 이들의 좌표가 되며 그들의 발걸음을 밝혀 주는 빛이 된다. 청교도 고전은 현재 우리의 영적인 상태가 어떤지, 우리가 서 있는 영적인 현주소가 어디인지를 보게 해준다. 그래서 비교의 대상이 없을 때 한없이 낮은 영적 수준에 안주했던 우리를 심히 불편하게 한다. 우리의 신앙이 얼마나 심각하게 성경적인 기준으로부터 하향 조정되었는지, 우리의 영성이 얼마나 얄팍하고 천박해졌는지, 그 뼈아픈 사실 앞에 무릎 꿇게 만든다. 본인도 젊은 날 리처드 백스터의 『참된 목자』*The Reformed Pastor*라는 책을 읽고 평생 지워지지 않은 강한 충격과 도전을 받았다. 그동안 당대의 어떤 책에서도 찾아볼 수 없었던 참된 목사의 선명한 기준을 처음으로 발견하였고, 그것이 지금까지 내가 추구해 온 목사상의 변함없는 척도가 되었다.

영적으로 암울한 시대의 비극은 우리를 선도해 줄 멘토, 우리에게 본이 될 만한 선생이 부재하다는 것이다. 만약 현시대에서 그런 영적 모본과 안내자를 찾을 수 없다면 과거에서 찾아야 한다. 우리는 동시대의 인물뿐 아니라 유구한 교회역사 속에 존재했던 수많은 영적 거장과 스승들과도 진리 안에서 시대를 초월한 성도의 교제를 누리는 특권을 소유하였다. 특별히 청교도들의 주옥같은 글은 우리를 지나간 시대의 위대한 영혼들과 교통하는 장으로 초대한다.

청교도운동은 16-17세기에 종교개혁의 정신과 원리를 가톨릭적 요소와 혼합하여 희석시키려는 엘리자베스 여왕의 중도주의에 대항하여 영국교회를 더 철저히 개혁하고 새롭게 하려던 운동이었다. 곧 종교개혁을 영국교회 안에 온전히 실현시켜 보려 했던 움직임이었다. 비록 청교도들 안에는 사상적인 다양성이 존재했지만 그들이 근본적으로 개혁주의 신학과 삶을 추구했다는 점에서는 일치한다고 볼 수 있다. 그들의 주된 관심은 교회개혁과 영적인 부흥 두 가지로 집약될 수 있다. 그들은 종교개혁이 단순히 이론과 교리로만이 아니라 교회의 제도와 직분과 실제 삶 속에서 구체적으로 실현되는 데 역점을 기울였다. 그래서 신학과 경건, 교리와 삶, 객관적인 진리와 주관적인 체험 사이의 긴밀한 연합을 추구하였다.

오늘날 한국교회가 안고 있는 근본 문제, 즉 신앙과 삶, 믿음과 행함, 교리와 체험 사이의 심각한 괴리를 극복하고 신앙의 균형을 회복하기 위해서 우리에게 그들의 가르침이 절실하게 필요하다. 청교도들은 바른 교리의 중요성을 강조했을 뿐 아니라, 그 교리에 부합한 경건과 영성에도 지대한 관심과 열심을 기울였다. 그들은 믿음으로 구원받은 것에 결코 안주하지 않고 하나님과의 더 깊고 풍성한 영적인 교통을 누리며 삶의 모든 영역에서 거룩하게 살려는 불타는 열정에 사로잡혔다. 그들에게 종교개혁의 칭의론은 성화의 중요성을 조금이라도 약화시키는 것이 아니라, 오히려 참된 경건과 거룩의 열정을 고취시키며 성화를 역동적으로 촉진하는 교리였다. 이런 청교도들의 신앙관은 오늘날 교회의 구원관이 얼마나 해괴하게 변질되었는지를 깨닫게 해준다. 한국교회에서는 종교개혁의 칭의론이 거룩함의 열매가 전혀 없어도 믿기만 하면 구원받는다는 식으로 곡해되었다. 그리하여 교인들의 나태와 방종을 조장하며 교회를 타락케 하는 교리로 남용되곤 한다. 이런 점에서도 한국교회가 청교도를 읽어야 할 이유가 분명해진다.

청교도 고전이 현대를 살아가는 영혼들에게 여전히 호소력이 있는 것은, 신학적인 깊이뿐 아니라 우리 모든 인생들이 공통적으로 겪는 실존적 고뇌와 아픔의 깊이를 고스란히 담아내는 메시지를 전달하기 때문일 것이다. 그들은 성경의 이상을 현실에 타협하지 않으면서도 이 땅의 엄연한 현실의 토양에 뿌리내린 영성을 전한다. 그들의 가르침은 편안한 신학의 상아탑에서 안일한 사색을 통해 나온 것이 아니라, 거친 세파에 부대끼며 모진 고난과 핍박과 유배의 상황에서 빚어진 작품이다. 청교도들이 자주 다룬 주제, "땅위의 천국"Heaven on earth이 시사하듯, 그들의 메시지는 아골 골짜기 같은 고통스러운 이 땅의 현실 속에 임하는 하늘의 영광스러운 세계를 증거함으로써 고난받는 이들에게 큰 위로를 안겨 준다. 청교도들은 신자의 폐부를 찔러 죄악을 드러내는 날카로운 외과의인 동시에 상한 갈대를 꺾지 않는 주님의 온유한 마음으로 상처 입고 병든 심령과 영혼을 섬세하고 자상하게 위로하고 싸매어 주는 따뜻한 치유자이기도 하다.

청교도의 깊고 풍성한 영성의 샘에서 조나단 에드워즈, 조지 윗필드, 찰스 스펄전, 마틴 로이드 존스를 비롯한 수많은 설교자들과 성도들이 생수를 마시고 영혼의 만족을 얻었으며, 앞으로 그들의 저서를 읽는 독자들에게도 이런 영적인 해갈과 부흥이 계속될 것이다. "오늘을 위한 퓨리턴"The Puritans for Today 시리즈는 놀랍고 두려운 하나님의 임재 의식과 이에 수반되는 심오한 죄의식에서 나오는 깊은 회개로 우리를 인도할 것이다. 동시에 영광스러운 구주의 은혜와 사랑을 전적으로 의존하는 믿음과, 죄에서 우리를 자유케 하는 복음의 능력에 대한 확신을 갖게 할 것이다. 더불어 거룩한 삶에 대한 갈망과 추구, 하나님 나라에 대한 강렬한 열정의 불꽃을 우리 심령에 불러일으키는 영적 부흥의 촉매제가 될 것이다.

박영돈
고려신학대학원 교의학 명예교수

저자 서문

그리스도인 독자들이여, 이 세상을 살아가는 성도에게 필수적인 두 가지 큰 은혜는 믿음과 회개입니다. 이 둘은 성도가 하늘로 비상하는 양 날개입니다. 온기와 최적의 수분이 자연의 생명을 보존하듯 믿음과 회개는 영적인 생명을 보존합니다. 내가 논의하려는 은혜는 회개입니다.

크리소스토무스는 이 회개야말로 황제 아르카디우스 앞에서 설교해야 할 가장 적절한 주제라고 생각했습니다. 아우구스티누스는 말년에 병석에 눕게 되자, 회개의 시편들을 늘 곁에 두고 눈물로써 읽고 또 읽었습니다. 회개는 결단코 때가 따로 있지 아니합니다. 그것은 장인의 연장이나 병사의 무기처럼 늘 곁에 두고 사용해야 합니다. 내가 잘못 판단한 것이 아니라면, 이 시대에는 논쟁이나 이론보다 실제적인 문제들이 한층 더 필요합니다.

애초에 나는 이 숙고의 글을 책상에 그냥 묵혀 둘 작정이었습니다. 하지만 이 글에서 다룬 내용이 이 중대한 시기에 무엇보다 중요한 문제라는 생각으로 처음의 결심을 접고 비평의 시선 앞에 내놓게 되었습니다.

회개는 정화입니다. 이 정화의 과정을 두려워하지 맙시다. 네 영혼을 치고 치라고 크리소스토무스는 말했습니다. 그렇게 침으로써 영혼은 죽음을 벗어날 것입니다. 우리가 죄에 더 민감해지고 우리의 두 눈이 눈물로 젖는다면 영혼이 얼마나 행복하겠습니까. 하나님의 성령께서 회개의 강물 위에 임하시는 모습을 우리는 명백히 볼 수 있을 것입니다. 회개의 눈물은 고통스럽지만 순수합니다. 글썽이는 눈물이 죄를 씻어 내리고 하나님의 진노를 가라앉힙니다. 회개는 신심을 키우고 자비를 불러옵니다. 우리가 회개하는 처음 순간부터 후회와 고통이 클수록 그 뒤로 느끼는 후회와 고통은 점차 줄어들 것입니다.

그리스도인들이여, 다른 일들에 대해서는 슬퍼하고 분노하면서 죄에 대해서는 그리 하지 않습니까? 세상의 눈물은 땅에 떨어지지만 거룩한 눈물은 하나님의 병에 담깁니다.^{시 56:8} 거룩한 울음을 쓸모없다 여기지 맙시다. 자신은 오로지 회개할 목적으로만 태어났다고 테르툴리아누스는 생각했습니다. 죄가 회개의 눈물에 익사하지 않으면 영혼이 불에 타 죽습니다. 회개가 어렵다 하지 맙시다. 귀한 것들은 노력을 바쳐야 합니다. 금덩이를 얻을진대 땀을 흘려서라도 파내지 않겠습니까! 쉽게 살아 지옥에 가느니 어렵게 살아 천국에 감이 낫습니다. 지옥에 떨어진 자들이 과연 무엇을 주고 하나님께 그분의 사자를 보내시어 회개하는 자신들 앞에 자비를 선언하게 해달라고 할 수 있겠습니까? 그들이 얼마나 많은 탄식과 신음을 하늘로 올려 보내겠습니까? 얼마나 많은 눈물을 쏟아 내겠습니까? 하지만 이제는 너무 늦었습니다. 그들의 눈물은 연민을 부르지 못하고 자신들의 어리석음을 한탄하는 데나 쓰일 것입니다. 오, 그러니 우리가 아직 무덤에 이르기 전에 하나님과 화해합시다! 우리는 내일 죽을 수도 있습니다. 오늘을 회개의 날로 삼읍시다. 자신들의 영혼을 비통하게 하고, 정욕을 다스렸으며, 흰옷을 입으리라는 희망으로 삼베옷을 걸쳤던 저 옛적의 성도들을 우리는 얼마나 본받아야 하는지요. 베드로는 세례를 받듯 눈물을 뒤집어썼습니다. 저 신실한 여인 파울라는 (이분에 대해서는 제롬이 글을 썼습니다) 낙원의 새처럼 죄를 통곡하며 땅바닥까지 몸을 낮추었습니다.

우리의 개인적인 잘못 외에, 이 나라의 통탄할 만한 형편에도 눈물이 필요합니다. 우리는 태곳적의 영예와 명성을 거의 상실하지 않았습니까? 그때 우리는 열방의 공주처럼 앉아 있었고,애 1:1 하나님께서는 다른 나라의 곡식단들을 우리의 곡식단 앞에 복종시켜 절하게 하셨지만,창 37:7 이제 우리의 영광은 새처럼 날아가지 않았습니까?호 9:11 그러고도 얼마나 준엄한 섭리가 더 남아 있는지 우리는 알지 못합니다. 우리의 검고 사악한 기운이 하늘로 올라갔으니, 우리에게는 마땅히 이제 곧 천둥이 치리라는 두려움이 있어야 합니다. 이 모든 것들이 우리에게 경고하며 겸손을 촉구하지 않습니까? 하늘 사방에서 바람이 불어 닥치는데

돛대 위에서 자야 하겠습니까? 오, 우리의 눈동자를 쉬게 하지 말고 강물처럼 눈물을 쏟아냅시다!애 2:18

서두이니만큼 이 정도로 해두겠습니다. 하나님께서 이 작업에 축복을 더하시기를, 무턱대고 쏜 이 화살의 방향을 잡아 주시기를, 이 화살이 과녁을 꿰뚫어 얼마간의 죄라도 죽여 없애기를 나는 뜨겁게 기도할 것입니다.

1668년 5월 25일

토머스 왓슨

※ 일러두기 본서의 성경 인용은 주로 새번역과 개역개정판을 따랐으며, 간혹 옮긴이의 사역(私譯)도 있다.

chapter **01.**

서론

성 바울은 더둘로의 거짓 고소로 선동죄의 혐의를 받고서—"우리가 본 바로는 이 자는 염병 같은 자요, 온 세계에 있는 모든 유대 사람에게 소란을 일으키는 자요."^{행 24:5}—사도행전 26장에 이르러 베스도와 아그립바 왕 앞에서 자신을 변호합니다.

여기서 바울의 웅변가적 면모가 드러납니다. 그는 다음과 같은 방식으로 왕의 호의를 삽니다. 먼저, 자신의 몸짓으로. 웅변가들의 관습이 그렇듯, 그는 두 팔을 앞으로 내뻗었습니다. 그 다음, 자신의 화법으로. "아그립바 임금님, 오늘 내가 전하 앞에서 유대 사람이 나를 걸어서 고발하는 모든 일에 대하여 변호하게 된 것을 다행으로 생각합니다."^{행 26:2}

이어서 바울은 세 가지 문제를 논하는데, 아그립바 왕을 거의 회심시킬 정도로 유창한 웅변술을 구사합니다.

첫째, 그는 자신의 회심 이전의 삶을 이야기합니다. "내가 우리 종교의 가장 엄격한 파를 따라 바리새파 사람으로 살아왔다는 것을."5절 개심하기 전의 그는 열정적인 전통주의자였으며, 그 거짓 열정의 불은 방해가 되는 모든 것을 태워 버릴 만큼 뜨거웠습니다. "나는……많은 성도를 옥에 가두었고."10절

둘째, 그는 자신의 회심을 이야기합니다. "나는 길을 가다가, 한낮에 하늘에서부터 해보다 더 눈부신 빛이 나와 내 일행을 둘러 비추는 것을 보았습니다."13절 이 빛은 바로 그리스도의 영광스러운 몸에서 나온 것이었습니다. "'사울아, 사울아, 너는 어찌하여 나를 핍박하느냐?'" 땅에 있는 지체가 아프니 하늘에 계신 머리께서 외치신 것입니다. 바울은 이 빛과 음성에 놀라 땅바닥에 엎어졌습니다. "그래서 내가 '주님, 누구십니까?' 하고 물었더니, 주님께서 '나는 네가 핍박하는 예수이다.'"15절 바울은 이제 자신에게서 벗어났습니다. 그는 자신이 의롭다는 생각을 버리고, 그리스도의 의의 가지에 천국의 희망을 접붙였습니다.

셋째, 그는 회심 이후의 삶을 이야기합니다. 전에는 박해자였던 자가 이제는 전도자가 되었습니다. "자, 일어나서 발을 딛고 서라. 내가 네게 나타난 목적은 너를 일꾼으로 삼아서, 네가 나를 본 것과 내가 장차 네게 보여줄 일의 증인이 되게 하려는 것이다."16절 이 '선택된 그릇'인 바울이 구원의 감화를 받게 되자, 이전에 악을 행했던 것만큼이나 열심히 선을 행했습니다. 성도들을 핍박해 죽이던 자가 복음을 전파하여 죄인들을 살려 냈습니다. 하나님께서는 그를 우선 다마스쿠스의 유대인들에게 보냈

고, 그 후로 이방인들에게까지 가도록 전파의 임무를 넓혀 주셨습니다. 그가 전파한 주제는 이러했습니다. "회개하고 하나님께로 돌아와서 회개에 합당한 일을 하라."[20절] 중대하고도 뛰어난 주제입니다!

믿음과 회개 중 어느 것이 먼저 영혼에 존재하느냐는 문제를 논할 생각은 없습니다. 그리스도인의 삶에서 먼저 드러나는 것은 분명히 회개입니다. 하지만 그보다 먼저 마음속에서 믿음의 씨앗이 작용한다고 나는 생각하고 싶습니다. 예컨대, 불붙인 초를 어두운 방안으로 들여오면 빛이 먼저 보이지만 그 빛에 앞서 초가 있었습니다. 그러므로 우리의 눈에는 회개의 열매가 먼저 보이지만 거기에는 이미 믿음의 시초가 있었던 것입니다.

마음속에 회개보다 먼저 믿음이 씨앗처럼 존재한다는 나의 이 생각에는 이유가 있습니다. 회개는 은혜이므로 반드시 살아 있는 믿음에 의해 행해져야 하기 때문입니다. 믿음이 아니면 영혼이 어찌 살겠습니까? "나의 의인은 믿음으로 살 것이다."[히 10:38] 그러므로 회개하는 이의 마음에 먼저 믿음의 씨앗이 어느 정도 있어야 하며, 그렇지 않은 경우는 죽은 회개로서 아무런 가치가 없는 것입니다.

그러나 이 믿음과 회개의 문제와 관련하여 내가 분명히 확신하는 바는 회개가 대단히 중요하다는 것입니다. 회개 없이는 구원도 없으니 말입니다. 타고 있던 배가 난파하자 바울은 널빤지와 배의 잔해에 의지해 뭍으로 건너갔습니다.[행 27:44] 아담 안에서 우리는 모두 파선당했으며, 이제 우리가 붙잡고 천국까지 헤엄쳐 갈 유일한 널조각은 회개입니다.

회개하고 하나님께 돌아서는 것은 그리스도인들에게 엄중히 부과된 중대한 의무입니다. "회개하여라. 하늘나라가 가까이 왔다."마 3:2 "그러므로 여러분은 회개하고 돌아와서, 죄 씻음을 받으십시오."행 3:19 "그러므로 그대는 이 악한 생각을 회개하고."행 8:22 세 증인의 입으로 이 진리가 확증되었습니다. 회개는 기초적인 은혜입니다. "회개와……관련해서 또 다시 기초를 놓는 일이 없어야 하겠습니다."히 6:1-2 이 기초 위에 세우지 않은 신앙은 반드시 무너지고 말 것입니다.

회개는 복음 아래에서 요구되는 은혜입니다. 어떤 이들은 이 회개를 율법주의라고 생각합니다만, 그리스도께서 행하신 최초의 설교, 더 나아가 그 설교의 첫마디는 "회개하여라"였습니다.마 4:17 그리고 승천하시며 남기신 고별사 역시 마찬가지였습니다. "그의 이름으로 죄 사함을 받게 하는 회개가 모든 민족에게 전파될 것이다."눅 24:47 사도들은 한결같이 이 일에만 전념했습니다. "그들은 나가서 회개하라고 선포하였다."막 6:12

회개는 오로지 복음의 은혜입니다. 행위의 언약은 회개를 인정하지 않았으니, 거기 있는 것은 범죄하면 죽으리라는 것뿐이었습니다. 회개는 복음에서 비롯되었습니다. 회개하는 죄인들이 구원받을 수 있도록 그리스도께서 피를 주고 사셨습니다. 율법은 개인적이고 완벽하며 영속적인 복종을 요구했습니다. 이 기준에 이르지 못한 사람들은 모두 저주받았습니다. "율법책에 기록된 모든 것을 계속하여 행하지 않는 사람은 다 저주 아래에 있다."갈 3:10 모든 것을 지키지 않는 사람에 대해 율법이 하는 말을 봅시다. 회개해야 한다고 말하지 않고 저주받는다고 말합니다. 그러므로 회개는 오직 복음에 의해서만 밝히 드러난 가르침입니다.

회개는 어디서 비롯됩니까? 회개의 마음이 생기는 방식은 다음과 같습니다.

1. 어느 정도는 말씀에 의해

"사람들이 이 말을 듣고 마음이 찔려서."행 2:37 선포된 말씀은 하나님께서 회개를 이끌어 내시는 동력입니다. 말씀은 불과 망치에 비유됩니다.렘 23:29 하나는 마음을 달궈 녹이고, 또 하나는 마음을 쳐서 부스러뜨립니다. 그토록 효능이 뛰어난 말씀이 베풀어지니 얼마나 큰 복입니까! 그리고 이 천국의 등불을 불어 끄는 자들은 또 지옥을 피해 달아나는 길을 찾기가 얼마나 어렵겠습니까!

2. 성령에 의해

성직자들은 피리요 풍금일 뿐입니다. 그들을 통해 나오는 말씀이 효력을 발휘하는 것은 성령께서 그들 안에 바람을 불어넣으시기 때문입니다. "베드로가 이런 말을 하고 있을 때에, 그 말을 듣는 모든 사람에게 성령이 내리셨다."행 10:44 말씀에 함께하신 성령께서 깨달아 회개하게 하십니다. 성령의 감화를 받은 마음은 눈물로 녹아내립니다. "그러나 내가 다윗 집안과 예루살렘에 사는 사람들에게 '은혜를 구하는 영'과 '용서를 비는 영'을 부어 주겠다. 그러면 그들은 나 곧 그들이 찔러 죽인 그를 바라보고서 외아들을 잃고 슬피 울듯이 슬피 울며, 맏아들을 잃고 슬퍼하듯이 슬퍼할 것이다."슥 12:10 말씀이 사람들에게 작용하는 바가 현격히 다르다는 점을 생각해 보면 놀랍기 그지없습니다. 어떤 이들은 설교를 듣고 요나처럼 반응합니다. 그들의 마음은 여려서 곧 눈물을 흘립니다. 반면에 어떤 이들은 같은 설교를 듣고도 무심하기 이를 데 없습니다. 귀먹은 이에게 음악을 들려준다 해도 이들만큼 무감하지는 않을 것입니다. 말씀으로 좋아지는 이들이 있는가 하면 악화되는 이들도 있습니다. 같은 땅에서 자라도 포도는 단맛을 내고 쑥은 쓴맛을 냅니다. 말씀의 영향이 그토록 다르게 미치는 이유는 무엇입니까? 하나님의 성령께서 한 사람의 양심에는 말씀을 전해 주시고 또 한 사람에게는 그리하지 않기 때문입니다. 한 사람은 거룩한 기름을 받았지만 또 한 사람은 그렇지 못했습니다.요일 2:20 오, 이슬이 만나와 함께 내리도록, 성령께서 말씀과 함께 오시도록 기도합시다. 그 어떠한 규례(말씀)의 병거라 해도 하나님의 성령께서 함께 타고 계시지행 8:29 아니하면 우리를 천국으로 데려다 주지 못할 것입니다.

chapter **02.**

거짓 회개

어떤 것이 참된 회개인지 밝히기 위해 우선 참된 회개가 아닌 것부터 지적하겠습니다. 회개의 속임수는 여러 가지가 있는데, 아마도 이런 이유로 아우구스티누스도 "회개로 인해 많은 이들이 지옥에 떨어진다"는 말을 했을 것입니다. 물론 그가 말한 회개는 거짓 회개입니다. 거짓 회개인 줄도 모르고 회개했다는 망상에 빠질 수 있다는 것입니다.

1. 회개의 첫 번째 속임수는 율법적인 두려움입니다

한 사람이 오랫동안 죄악에 빠져 살았습니다. 하나님께서 마침내 그를 붙들어, 그동안 그가 얼마나 위험천만한 모험을 감행했는지 보여주시자 그는 번민에 휩싸입니다. 잠시 후 양심의 폭풍우가 한 차례 불어 닥칩니다. 그러고는 다시 조용해집니다. 이제 그는 결론을 내립니다. 죄의 쓴맛을 어느 정도 보았으니 자신은 참된 회개자라는 것입니다. 속지 맙시다. 이것은 회개가 아닙니다. 아합과 유다 역시 얼마간의 마음의 고통을 겪었습니다. 죄인으로서 두려워한다는 것과 죄인으로서 회개한다는 것은 같을 수가 없습니다. 죄책감은 당연히 두려움을 낳습니다. 하지만 은혜가 들어오면 회개를 낳습니다. 고통과 번민으로 회개가 성립된다면 지옥에 떨어진 자들이야말로 이를 데 없는 회개자들일 것입니다. 그들보다 더 고통스러운 자들은 없을 테니 말입니다. 회개는 마음의 변화에 달려 있습니다. 마음의 변화가 없다면 회개라 할 수 없습니다.

2. 회개의 두 번째 속임수는 죄에 대한 결심입니다

결심하고 맹세한다 해서 회개가 되는 것은 아닙니다. "'나는 신을 섬기지 않겠다' 하고 큰소리를 치더니."렘 2:20 이처럼 결심이 있었습니다. 하지만 그 다음을 봅시다. "오히려 높은 언덕마다 찾아다니며 음행을 하고, 또 푸른 나무 밑에서마다 너의 몸을 눕히고 음행을 하면서 신들을 섬겼다." 이스라엘은 제 스스로 엄중히 약속하고도 하나님을 희롱하고 우상의 꽁무니를 따라다녔습니다. 사람이 병석에 누웠을 때 얼마나 굴뚝같이 결심하는지 우리는 경험으로 알고 있습니다. 하나님께서 회복시켜 주시기만 한다면 말입니다. 하지만 그는 병에서 회복되면 이전의 악으로 돌아갑니다. 새로운 유혹 앞에 옛 마음을 드러내는 것입니다.

죄에 대한 결심은 다음과 같은 이유로 생길 수 있습니다.

첫째, 현재의 곤경으로 인해. 죄가 나빠서가 아니라 고통스러우므로 결심합니다. 이러한 결심은 쉽게 사라집니다.

둘째, 미래의 재앙, 곧 죽음과 지옥이 두려워서. "그리고 내가 보니 청황색 말 한 마리가 있는데 그 위에 탄 사람의 이름은 '사망'이고 지옥이 그를 뒤따르고 있었습니다."계 6:8 반드시 죽어서 심판대 앞에 서야 함을 죄인이 아는데, 무엇인들 못 하고 무슨 맹세인들 못 하겠습니까? 자신을 끔찍이도 위하는 이 마음에서 병상의 맹세가 나오지만, 얼마 안 되어 죄를 사랑하는 마음이 회개의 결심을 눌러 버릴 것입니다. 불같은 결심을 믿지 맙시다. 그러한 결심은 폭풍우가 닥치면 일었다가 고요해지면 사라집니다.

3. 회개의 세 번째 속임수는 죄악된 여러 행실을 떠나는 것입니다

고백하건대, 죄를 떠난다는 것은 보통 일이 아닙니다. 어떤 사람은 죄를 너무 사랑해서 정욕을 버리느니 자식을 버리고자 합니다. "내가 지은 죄를 용서하여 주시기를 빌면서, 이 몸의 열매를 주님께 바쳐야 합니까?"미 6:7 죄는 회개 없이도 버릴 수 있습니다. 다음 사항을 생각해 보십시오.

첫째, 어떤 죄는 버리고 어떤 죄는 그대로 가지고 있을 수 있습니다. 헤롯은 그릇된 많은 일들을 고쳤지만 근친상간은 버릴 수 없었습니다.

둘째, 새로운 죄를 맞이하고자 옛 죄를 버릴 수 있습니다. 옛 하인을 내보내고 새 하인을 들임과 같습니다. 이는 죄를 맞바꾸는 것입니다. 죄가 교환된다 해도 마음은 바뀌지 않습니다. 젊어서 방탕했던 자가 늙어서 고리대금업자가 됩니다. 한 노예가 유대인에게 팔리고, 유대인은 이 노예를 다시 회교도에게 팝니다. 주인만 바뀌었을 뿐 노예는 여전히 노예입니다. 이처럼 한 악에서 다른 악으로 옮겨 가지만 여전히 죄인일 뿐입니다.

셋째, 은혜의 능력보다는 오히려 계산적인 이유로 죄를 버릴 수 있습니다. 죄가 즐겁지만 자신의 이익에 부합하지 않는다고 생각하는 사람이 있습니다. 죄로 인해 신용이 떨어지고 건강을 해치고 재산을 잃는다는 것입니다. 그러므로 그는 계산적인 이유로 죄를 버립니다.

빛이 들어옴으로써 대기의 어둠이 사라지듯 은혜의 원리가 들어옴으로써 죄의 행위가 사라질 때, 우리는 진정으로 죄를 떠나는 것입니다.

chapter 03.
참된 회개의 본질 I

다음으로 복음적인 회개가 무엇인지 밝히고자 합니다. 회개는 하나님의 성령의 은혜이며, 죄인은 이 회개를 통해 안으로 겸손해지고 밖으로 개혁되는 것입니다. 회개는 여섯 가지의 특별한 성분으로 만든 영적인 약이라는 점을 먼저 알아 두고 본격적인 논의에 들어갑시다.

1. 죄를 봄
2. 죄를 슬퍼함
3. 죄를 고백함
4. 죄를 부끄러워함
5. 죄를 미워함
6. 죄에서 돌아섬

이 중 어느 한 가지라도 빠진다면 약은 효능을 잃습니다.

첫 번째 성분: 죄를 봄

그리스도께서 마련하신 이 약의 첫 번째 부분은 안약입니다.^{행 26:18} "그제서야 그는 제정신이 들어서."^{눅 15:17} 그는 자신을 죄인으로, 오로지 죄인으로 보았습니다. 그리스도께 나아가려는 사람은 먼저 자신을 보아야 합니다. 솔로몬은 회개를 이야기하면서 이를 첫 번째 성분으로 여깁니다. "그들이……마음을 돌이켜."^{왕상 8:47} 먼저 자신의 죄가 무엇인지 깨닫고 헤아려야 하며 자신의 마음의 역병을 알아야 합니다. 그런 연후에야 죄에 대해 겸손해질 수 있습니다. 하나님께서 만드신 첫 번째 피조물은 빛이었습니다. 그러므로 회개자의 첫 번째 일은 깨달음, 곧 빛을 받는 것입니다. "너희가……이제는 주 안에서 빛이라."^{엡 5:8, 개역개정} 눈은 보기도 하고 울기도 하라고 만들어졌습니다. 우리는 마땅히 죄를 먼저 보아야 그 죄에 대해 울 수 있습니다.

따라서 나는 죄를 못 볼진대 회개 또한 없다고 결론을 내립니다. 많은 사람들이 다른 이들의 잘못은 잘도 찾아내면서 자신들의 잘못은 전혀 못 봅니다. 자신들은 마음이 선하다고 외칩니다. 두 사람이 함께 살며 먹고 마시는데 서로 모른다면 이상한 일 아닙니까? 죄인이 바로 이 경우에 해당합니다. 그의 몸과 영혼이 함께 살며 일하지만 전혀 서로를 모릅니다. 그는 자신의 마음도 모르고, 자신이 지옥을 짊어지고 다니는 줄도 모릅니다. 가리개

뒤에 추한 얼굴이 숨어 있습니다. 사람들은 무지와 이기심의 가리개를 둘러쓰고 있습니다. 그러므로 그들은 자신들의 영혼이 얼마나 추한지 볼 수 없습니다. 마귀가 그들을 다루는데 매사냥꾼이 매를 다루듯 합니다. 마귀는 그들의 눈을 가리고 두건을 씌워서 지옥으로 데리고 갑니다. "칼이 그의 팔과 오른 눈을 상하게 할 것이니, 팔은 바싹 마르고 오른 눈은 아주 멀어 버릴 것이다."슥 11:17 사람들은 세상일에는 눈이 밝습니다만, 마음의 눈은 멀었습니다. 그들은 죄의 해악을 전혀 못 봅니다. 칼이 그들의 오른 눈에 임했습니다.

두 번째 성분: 죄를 슬퍼함

내 죄를 슬퍼함이니이다.시 38:18, 개역개정

암브로시우스는 슬픔을 일러 영혼의 격분이라고 합니다. "슬퍼하다"라는 히브리어는 "영혼이, 말하자면, 십자가에 못 박히다"라는 뜻입니다. 참된 회개에는 바로 이것이 있어야 합니다. "그들은 나 곧 그들이 찔러 죽인 그를 바라보고서……슬피 울며."슥 12:10 십자가의 못이 자신들의 옆구리를 찌른 듯 통곡한다는 것입니다. 슬픔 없이 회개를 바라느니 진통 없이 출산하기를 바라는 편이 낫습니다. 의심 없이 믿는 자가 있다면 그 믿음을 의심해야 하고, 슬픔 없이 회개하는 자가 있다면 그 회개를 의심해야 합니다.

순교자들은 그리스도를 위하여 피를 흘리고 회개자들은 죄로 인해 눈물을 흘립니다. "예수의 뒤로 그 발 곁에 서서 울며." 눅 7:38, 개역개정 이 정화장치에서 물방울이 어떻게 떨어지는지 보십시오. 마음의 슬픔이 여인의 눈가에 이르렀습니다. 제사장들이 수족을 씻는 놋대야는 두 대야를 상징합니다. 출 30:18 하나는 그리스도의 피의 대야이며, 또 하나는 눈물의 대야입니다. 우리는 믿음으로 피의 대야에서 씻어야 하고, 회개로 눈물의 대야에서 씻어야 합니다. 진정한 회개자는 자신의 마음을 슬픔 속에 몰아넣고자 합니다. 그는 울게 되면 오히려 하나님을 찬양합니다. 그는 슬픔으로 눈물을 쏟는 날을 기뻐하는데, 그것이야말로 후회할 것이 없는 회개임을 그 자신이 알기 때문입니다. 슬픔의 양식은 비록 입에는 쓰나 마음을 강건하게 합니다. 시 104:15, 고후 7:10

죄에 대한 이 슬픔은 표면적인 슬픔이 아닙니다. 이 슬픔은 거룩한 고통입니다. 성경에는 마음을 깨뜨리는 것이라고 표현되어 있습니다. "하나님께서 원하시는 제사는 깨어진 마음입니다." 시 51:17, 옮긴이 사역 그리고 마음을 찢는 것입니다. "마음을 찢어라." 욜 2:13 넓적다리를 두드리고, 렘 31:19, 개역개정 "볼기를 쳤사오니" 가슴을 치고, 눅 18:13 상복을 두르고, 사 22:12 머리카락을 쥐어뜯는 스 9:3 이 모든 표현은 안의 슬픔이 밖으로 드러난 것일 뿐입니다. 이 슬픔은 다음과 같은 결과로 이어집니다.

첫째, 그리스도가 귀하게 됩니다. 오, 고통받는 영혼에게 구주는 얼마나 귀합니까! 이제야 그리스도가 진실로 그리스도이시고, 자비가 진정으로 자비입니다. 양심의 가책으로 몸부림치지 않는 마음은 그리스도 앞에 나아갈 수 없습니다. 상처 입고 피 흘리는 사람이라야 의사를 진정으로 반가워합니다!

둘째, 죄를 몰아냅니다. 죄는 슬픔을 낳고 슬픔은 죄를 죽입니다. 거룩한 슬픔은 영혼의 독소를 배출시키는 약초입니다. 포도나무 가지의 수액이 문둥병 치료에 좋다고 합니다. 회개하는 이가 흘리는 눈물은 죄의 문둥병을 치료하는 데 더할 수 없이 좋은 약입니다. 눈물의 소금기가 양심에 슨 구더기를 죽입니다.

셋째, 든든한 위로의 방편이 됩니다. "눈물을 흘리며 씨를 뿌리는 사람은 기쁨으로 거둔다."시 126:5 회개자는 울며 씨를 뿌리지만 추수의 기쁨을 누립니다. 회개는 죄의 종기를 찔러 터뜨리고, 영혼은 그제야 살 것같이 편안해집니다. 한나는 울고 간 뒤에야 더 이상 슬픈 기색을 보이지 않았습니다.삼상 1:18 하나님께서 죄로 인해 영혼을 격동케 하심은 천사가 병자들의 치유를 위해 연못을 휘젓는 것과 같습니다.요 5:4

하지만 슬픔이라 해서 다 참된 회개의 증거가 될 수는 없습니다. 참된 슬픔과 거짓 슬픔은 샘물과 바닷물만큼이나 다릅니다. "하나님의 뜻에 맞게"고후 7:9 슬퍼해야 한다고 사도는 말합니다. 그렇다면 하나님의 뜻에 맞는 이 슬픔은 무엇입니까? 다음의 여섯 가지 조건이 필요합니다.

1. 하나님의 뜻에 맞는 참된 슬픔은 내적입니다

내적인 슬픔에는 다시 두 가지가 있습니다. 첫째, 참된 슬픔은 마음의 슬픔입니다. 위선자들의 슬픔은 얼굴에 몰려 있습니다.

"그들은……얼굴을 흉하게 한다."마 6:16 그들은 상한 얼굴을 하고 있지만 그들의 슬픔은 거기서 더 나아가지 못합니다. 이슬이 나뭇잎을 적시지만 뿌리에 이르지 못함과 같습니다. 아합의 회개는 겉치레에 불과했습니다. 그의 겉옷은 찢어졌지만 마음은 찢어지지 않았습니다.왕상 21:27 참된 슬픔은 내출혈처럼 깊습니다. 마음은 죄로 인해 피를 흘립니다. "사람들이 이 말을 듣고 마음이 찔려서."행 2:37 범죄의 대부분이 마음에서 나오듯 슬픔 또한 마음에서 나와야 합니다.

둘째, 참된 슬픔은 마음의 죄에 대한 슬픔입니다. 마음은 죄가 처음으로 발생해서 커지는 장소입니다. 바울은 자신의 지체 속에 죄의 법이 있다고 탄식했습니다.롬 7:23 진정으로 회개하는 자는 교만과 탐욕의 싹을 슬퍼합니다. 그는 "쓴 뿌리"를 슬퍼하는데, 비록 그 뿌리가 결단코 실제 행위로 자라지 않는다 해도 뿌리 자체만으로도 슬퍼합니다. 사악한 자는 밖으로 드러나는 수치스러운 죄를 걱정하겠지만 참된 회개자는 마음의 죄를 슬퍼합니다.

2. 하나님의 뜻에 맞는 슬픔은 순수합니다

참된 슬픔은 형벌보다는 범죄 자체를 슬퍼합니다. 하나님의 법이 침해당했고 그분의 사랑이 모욕당했다는 것입니다. 이로 인해 영혼은 눈물을 흘립니다. 슬퍼한다 해서 다 회개는 아닙니다. 도둑도 붙잡히면 슬퍼하는데, 도둑질이 아니라 처벌이 슬픈 겁니다. 위선자들은 죄의 고통스러운 결과에 대해서만 슬퍼합니다. 기근 전날 밤에야 물을 흘려보낸다는 어떤 샘 이야기를 나는 읽어서 알고 있습니다. 위선자들도 그렇습니다. 하나님의 심판이 임박하기 전까지는 결코 그들의 눈에서 눈물이 흐르는 법이 없습니다. 바로는 자신의 죄보다 개구리 재앙과 핏물로 변한 강을 더 괴로워했습니다. 하지만 참된 슬픔은 하나님을 거스르는 행위를 가장 괴로워하는 데서 나옵니다. 그러므로 양심이 괴롭다거나 마귀가 고발한다거나 지옥의 저주를 받을 만큼 사악한 죄를 범했다거나 하는 일이 없어도 영혼은 여전히 하나님께 대한 범죄로 인해 슬퍼하는 것입니다. "내 죄가 항상 내 앞에 있나이다." 시 51:3, 개역개정 다윗은 지금 무서운 칼이 내 앞에 있다고 말하지 않고 "내 죄"가 내 앞에 있다고 말합니다. 오, 그토록 좋으신 하나님을 내가 거슬렀음이여! 나의 위로자를 내가 슬프게 했음이여! 이것이 나의 가슴을 깨뜨리는도다!

참된 슬픔이 순수한 데는 이처럼 이유가 있습니다. 그리스도인은 자신이 비록 지옥의 사정거리 밖에 있어서 결단코 그곳으로 떨어지지 않을 것임을 알고 있음에도 여전히 자신의 죄를, 자신을 용서해 준 값없이 주신 은혜에 반하는 그 죄를 슬퍼하기 때문입니다.

3. 하나님의 뜻에 맞는 슬픔은 믿음과 함께합니다

참된 슬픔은 믿음과 섞입니다. 그 아이 아버지는 울면서 큰소리로 "내가 믿습니다"라고 말했습니다. 막 9:24 밝은 무지개가 비구름과 섞여 나타나는 것을 우리가 보아 알듯이 죄에 대한 슬픔이 믿음과 섞였습니다.

영적인 슬픔으로 가라앉는 마음은 믿음의 도르래로 끌어올려야 합니다. 우리의 죄가 언제나 우리 앞에 있듯이 하나님의 약속 또한 언제나 우리 앞에 있어야 합니다. 뱀에 물려서 죽게 생겼으면 우리의 구리 뱀이신 그리스도를 올려다보아야 합니다. 세속적인 슬픔으로 얼굴이 너무 부어서 눈조차 뜨지 못하는 사람들이 있습니다. 믿음의 눈을 가리는 울음은 좋지 않습니다. 영혼에 믿음의 여명도 없이 울기만 한다면 그것은 겸손의 슬픔이 아니라 절망의 슬픔입니다.

4. 하나님의 뜻에 맞는 슬픔은 큰 슬픔입니다

"그날이 오면……므깃도 벌판 하다드 림몬에서 슬퍼한 것처럼 기막히게 울 것이다." 슥 12:11 요시야가 죽던 날, 두 개의 태양이 졌으며 나라 전체에 크나큰 호곡 소리가 있었습니다. 죄에 대한 슬픔은 그 정도 높이까지 솟구쳐 올라가야 합니다.

질문 1 슬픔의 정도는 누구에게나 동일합니까?
대답 아닙니다. 슬픔은 사람에 따라 크기도 하고 작기도 합니다. 출산하는 여인들은 모두 산통을 겪지만 어떤 이들의 경우 남들보다 고통의 정도가 심하기도 합니다. 다음과 같은 사람들이 그러합니다.

첫째, 선천적으로 기질이 강해서 쉽게 몸을 굽히려 하지 않는 사람들이 있습니다. 옹이진 나무에는 더 큰 쐐기를 박아 넣어야 하듯, 이들은 특히 더 비통해하며 낮아져야 합니다.

둘째, 남들보다 더 사악한 범죄자들이 있습니다. 이들의 슬픔의 정도는 마땅히 죄질에 비례해야 합니다. 죄의 종양을 바늘로 터뜨리는 사람이 있는가 하면 창으로 터뜨려야 하는 사람도 있습니다. 극단적으로 사악한 죄인들은 율법의 망치로 더더욱 강하게 두드려 맞아야 합니다.

셋째, 더 고귀한 섬김에 뜻을 두고 하나님의 빛나는 도구로 쓰임받고자 하는 사람들이 있습니다. 이들은 각별히 몸을 낮추어야 합니다. 하나님께서 당신 교회의 기둥으로 삼고자 예비하신 사람들은 더욱더 베이고 깎여 나가야 합니다. 하나님의 깃발을 들고 이방인과 왕들 앞에 그분의 이름을 전해야 했던 위대한 사도 바울은 회개의 창으로 자신의 가슴을 깊숙이 찔러야 했습니다.

질문 2 그러면 모든 사람의 경우 죄에 대한 슬픔은 얼마나 커야 합니까?

대답 세상 무엇을 잃은 것 못지않게 커야 합니다. "그러면 그들은 나 곧 그들이 찔러 죽인 그를 바라보고서 외아들을 잃고 슬피 울듯이 슬피 울며."슥 12:10 죄에 대한 슬픔은 세상의 슬픔을 넘어서야 합니다. 우리는 사랑하는 친척들을 잃은 것보다 하나님께 범죄한 것을 더 슬퍼해야 합니다. "그날에 주 만군의 하나님께서 너희에게 통곡하고 슬피 울라고 하셨다. 머리털을 밀고 상복을 몸에 두르라고 하셨다."사 22:12 이는 죄에 대한 슬픔을 말씀하신 것이었습니다. 하지만 우리가 보듯 죽은 이들을 장사지내는 경우, 하나님께서는 눈물과 삭발을 금하시는데,렘 16:6, 22:10 이로써 우리에게 죄에 대한 슬픔이 무덤 앞의 슬픔을 넘어서야 한다고 이르시는 것입니다. 당연합니다. 죽은 자의 장례란 결국 친구가 떠나는 것이지만 죄의 경우는 하나님께서 떠나시는 것이니 말입니다.

죄에 대한 슬픔은 다른 모든 슬픔을 집어삼킬 정도로 커야 합니다. 담석증과 통풍이 동시에 찾아올 때 담석의 고통이 통풍의 고통을 집어삼키는 경우와 같습니다. 우리가 이전에 죄를 범하는 데서 즐거움을 구했다면 이제 그 죄로 인해 우는 고통을 구해야 합니다. 다윗이 구한 회개의 고통은 분명히 밧세바에게서 구한 위로보다 컸습니다.

죄에 대한 슬픔은 우리에게 크나큰 이득과 즐거움을 가져다 준 그 죄들을 기꺼이 떠나보낼 정도가 되어야 합니다. 죄에 대한 슬픔이라는 이 약은 우리의 질병을 몰아낼 때 강력한 효과가 입증됩니다. 그리스도인들이 충분한 정도의 슬픔에 도달한 것은 죄에 대한 애착이 말끔히 씻겨 나갔을 때였습니다.

5. 하나님의 뜻에 맞는 슬픔은 배상과 연관되기도 합니다

부정한 거래로 타인에게 재산상의 손실을 입힌 자는 명백히 배상해야 합니다. 이 점에 대해서는 명시적인 율법이 있습니다. "자기가 저지른 잘못을 고백하고, 피해자에게 본래의 값에다가 오분의 일을 더 얹어서 갚아야 한다."민 5:7 그러므로 삭개오도 배상했습니다. "또 내가 누구에게서 강제로 빼앗은 것이 있으면 네 배로 하여 갚아 주겠습니다."눅 19:8 터키 황제 셀리무스가 임종의 자리에 눕게 되자, 페르시아 상인들에게서 부당하게 취한 재산을 자선사업에 내놓고 가라고 피로스가 권고했습니다. 이에 셀리무스는 오히려 그 재산을 원 주인들에게 돌려주라고 지시했습니다. 그리스도인들의 신조가 회교도의 코란보다 못해야 하겠습니까? 임종을 맞은 자가 자신의 영혼은 하나님께 증여하고 부당하게 취한 재산은 친구들에게 증여한다면 징조가 좋지 않습니다. 하나님께서 이 사람의 영혼을 받아 주실지 의문입니다. 아우구스티누스는 말했습니다. "배상 없이는 사면도 없다." 그리고 래티머 역시, 부당하게 취한 재산을 돌려주지 않으면 지옥에서 뱉어 내게 될 것이라는 말을 했습니다.

질문 1 어떤 사람이 부당한 방식으로 남의 재산을 취했는데, 피해자가 죽었다면 가해자는 어떻게 해야 합니까?

대답 가해자는 불의하게 취한 재산을 피해자의 상속인이나 후계자들에게 반환해야 합니다. 이들마저 살아 있지 않다면 하나님께 돌려 드려야 합니다. 다시 말해, 그 불의한 재물을 가난한 이들에게 베풂으로써 하나님의 창고에 넣어야 합니다.

질문 2 가해자가 죽은 경우는 어떻게 합니까?

대답 그러면 가해자의 상속인이 배상해야 합니다. 내 말을 잘 들으십시오. 재산을 남긴 사람이 분명히 있고, 그 증여자가 남의 재산을 사취하고 그 죄를 해소하지 못한 채 죽었음을 상속인들이 분명히 알고 있다면, 현재 그 재산을 소유하고 있는 상속인이나 유산집행인들은 명백히 배상의 의무를 져야 하며, 배상하지 않을 경우 그들은 자신들의 가족에게 하나님의 저주를 물려주게 될 것입니다.

질문 3 다른 사람의 재산을 속여 빼앗았지만 돌려줄 능력이 없는 경우는 어떻게 합니까?
대답 그 사람은 하나님 앞에서 깊이 겸손해야 하며, 주께서 형편을 돌아보시면 언제든 온전히 배상하겠다고 피해자에게 약속해야 합니다. 그러면 하나님께서 그 가상한 뜻을 받아 주실 것입니다.

6. 하나님의 뜻에 맞는 슬픔은 변함이 없습니다

순간적으로 잠깐 흘리는 눈물은 소용이 없습니다. 설교를 들을 때나 가끔씩 우는 사람들이 있습니다. 그런 울음은 곧 그치는 봄 소나기와 같고, 순식간에 열렸다 닫히는 정맥과 같습니다. 참된 슬픔은 습관처럼 지속적이어야 합니다. 오, 그리스도인들이여, 여러분의 영혼의 질병은 만성적이어서 빈번히 재발합니다. 그러므로 여러분은 늘 회개함으로써 꾸준히 스스로를 치료해야 합니다. 이것이 바로 "하나님의 뜻에 맞는" 슬픔입니다.

적용 이처럼 참된 슬픔이 전혀 없어 회개에서 한참이나 멀어진 사람들이 있습니다! 다음과 같은 사람들입니다.

첫째, 교황주의자들. 이들은 회개의 핵심을 도외시한 채 모든 회개의 행위를 금식과 고행과 순례로 채우는데, 여기에 영적인 슬픔은 전혀 없습니다. 이들은 자신들의 육신을 학대하지만 마음은 찢지 않습니다. 이것이 이미 죽어버린 회개의 시체가 아니면 무엇입니까?

둘째, 쾌락적인 개신교도들. 이들은 참된 슬픔을 아예 모르는 문외한들입니다. 이들은 진지한 생각을 못 견뎌 할 뿐 아니라, 죄 따위의 문제로 고민하고 싶어 하지도 않습니다. 파라셀수스는 춤을 추다 죽는 광란증 환자들이 있다고 보고했습니다. 죄인들 역시 웃고 떠들며 세월을 보냅니다. 그들은 슬픔을 내팽개치고 밖으로 나가 춤을 추다가 지옥에 떨어집니다. 어떤 사람들은 오래도록 살았지만 하나님의 병에 눈물 한 방울 떨어뜨려 본 적이 없고 상한 마음이 무엇인지 알지도 못합니다. 그들은 재산이 없어지면 망하기라도 한 것처럼 울며 몸부림치지만, 죄로 인해 영혼의 몸부림을 겪는 경우는 전혀 없습니다.

두 종류의 슬픔이 있습니다. 하나는 논리적인 슬픔인데, 이는 정신의 행위로서 죄를 불쾌하게 여기며 그 죄를 인정하기보다는 어떤 식으로든 고통스러워하는 쪽을 선택합니다. 다른 하나는 정서적인 슬픔인데, 이는 무수한 눈물로 표현됩니다. 첫째 슬픔은 하나님의 모든 자녀들에게서 볼 수 있지만, 눈가에 이르는 둘째 슬픔은 누구에게서나 볼 수 있는 것은 아닙니다. 하지만 울고 있는 회개자를 목격한다는 것은 기쁜 일입니다. 그리스도께서는 눈물 많은 이들을 귀하게 여기십니다. 그리고 우리가 죄로 인해 우는 것은 당연합니다. 일반적으로 우리는 대단히 가치 있는 것을 잃으면 웁니다. 과연 우리는 죄로 인해 하나님의 총애를 잃었습니다. "뭐요? 내가 만든 신상과 제사장을 빼앗아 가면서 무슨 일이 있느냐고? 그게 말이나 되는 소리요? 나에게 남은 것이 무엇이오?"삿 18:24 미가가 거짓 신 하나를 잃고 이처럼 심히 울며 불평했을진대, 우리에게서 참된 신을 빼앗아 간 우리의 죄로 인해 우리가 우는 것은 너무도 당연합니다.

∴

우리의 회개와 슬픔의 정도는 늘 변함이 없어야 하느냐고 묻는 사람들이 있을 것입니다. 회개가 언제나 우리의 영혼 안에 살아 있어야 하는 것은 맞습니다. 하지만 특별히 더 우리의 회개를 새롭고 깊게 해야 하는 두 차례의 특별한 시기가 있습니다.

첫째, 주님의 만찬을 받기 전입니다. 이 영적인 유월절은 쓴 풀과 함께 먹어야 합니다. 이제 우리의 두 눈은 눈물로 새롭게 열려서 슬픔의 물줄기가 터져 나와야 합니다. 회개의 마음이야말로 성찬에 임하는 마음입니다. 죄의 맛이 쓰면 쓸수록 그리스도의 맛은 달게 될 것입니다. 야곱은 울다가 하나님을 보았습니다. "그러므로 야곱이 그곳 이름을 브니엘이라 하였으니 그가 이르기를 내가 하나님과 대면하여 보았으나."창 32:30, 개역개정 성찬에 임해 그리스도를 얼른 보고자 한다면 저쪽으로 가서 울어야 합니다. 도마에게 말씀하신 그리스도께서는 겸손한 회개자에게도 이처럼 말씀하실 것입니다. "네 손을 내 옆구리에 넣어 보아라.^{요 20:27} 그리고 나의 이 붉은 상처로 너를 치유하라."

둘째, 임종을 맞을 때입니다. 이때는 오로지 울어야 합니다. 이제 천국을 향한 마지막 절차만 남았으니, 바로 이때 우리의 눈물로 빚은 최상의 포도주를 내놓아야 합니다. 그토록 많은 죄를 짓고 그토록 적게 울었으니 회개해야 합니다. 내 허물을 넣어 두신 자루는 가득 찼지만 내 눈물을 담아 두신 병은 비었으니^{욥 14:17} 우리는 회개해야 합니다. 더 빨리 회개하지 못했으며, 우리 마음의 수비대가 하나님께 그토록 오래 저항한 후에야 회개로 진압되었으니 우리는 회개해야 합니다. 그리스도를 더 많이 사랑하지 못했으며, 그분께 더 많은 덕을 배워 더 많은 영광을 돌려 드리지도 못했으니 우리는 회개해야 합니다. 우리의 삶에 공백과 얼룩이 그토록 많았으며, 우리의 의무가 죄로 인해 구더기가 슬었고, 우리의 순종이 불완전했다는 사실, 우리가 하나님의 길에서 그토록 심히 다리를 절었다는 이 사실이 임종을 맞는 우리의 슬픔이어야 합니다. 이제 육신을 떠난 영혼은 천국까지 눈물의 바다를 헤엄쳐 가야 합니다.

세 번째 성분: 죄를 고백함

슬픔은 대단히 격한 감정이므로 배출구가 있어야 합니다. 그러니 울음을 통해 눈으로 나오고 고백을 통해 혀로 발산됩니다. "그들은 제자리에 선 채로 자신들의 허물과 조상의 죄를 자백하였다."느9:2 "나는 이제 내 곳으로 돌아간다. 그들이 지은 죄를 다 뉘우치고 나를 찾을 때까지 기다리겠다."호5:15 이것은 자녀가 잘못을 빌고 용서를 구할 때까지 멀리 떨어져 얼굴을 돌리고 있는 화난 어머니를 암시합니다. 그레고리 나지안젠은 고백을 일러 "상처 입은 영혼을 위한 약"이라고 했습니다.

고백은 스스로를 고발합니다. "바로 내가 죄를 지은 사람입니다."삼하24:17 그런데 사람들은 이렇게 하지 않습니다. 누구도 스스로를 고발하려 하지 않고 누가 자신을 고발했는지 알려고만 합니다. 하지만 우리가 하나님 앞에 나아갈 때는 우리 스스로를 고발해야 합니다. "오 주님, 나로 인하여 내가 이처럼 되었사오니 내 마음의 완악함을 고치소서." 사실 우리는 자기 고발로 사탄의 고발을 방지합니다. 우리가 고백을 통해서 우리의 교만과 부정과 정욕을 거론하며 스스로를 고발하면, "우리 형제들을 고발(참소)하는 자"라 불리는 사탄이 제아무리 이러한 죄목을 들이대며 우리를 고발해도 하나님께서는 이처럼 말씀하실 수 있는 것입니다. "저들은 이미 스스로를 고발했다. 그러므로 사탄아, 너의 소송을 기각한다. 너의 고발은 너무 늦었다." 겸손한 죄인은 자기 고발에서 한 걸음 더 나아갑니다. 말하자면 심판석에 앉아서 자신에게 형을 내립니다. 그는 자신이 하나님의 진노를 받아 마땅한 자라고 고백합니다. 사도 바울이 하는 말을 들어 봅시다. "우리가 스스로 살피면 심판을 받지 않을 것입니다."고전11:31

하지만 유다나 사울같이 악한 자들도 죄를 고백하지 않았습니까? 맞습니다만 그들의 고백은 참된 고백이 아니었습니다. 죄의 고백이 바르고 참되려면 다음과 같은 여덟 가지 조건이 필수적입니다.

1. 고백은 자발적이어야 합니다

샘에서 물이 솟구치듯 자연스러워야 합니다. 악한 자들의 고백은 고문받는 자들의 실토처럼 어쩔 수 없이 뱉어 내는 것입니다. 하나님의 진노의 불꽃이 그들의 양심에 튕기듯 날아다닐 때 혹은 죽음의 공포가 찾아올 때 그들은 고백하기 시작합니다. 발람은 천사가 칼을 빼어 든 것을 보고서야 말했습니다. "제가 잘못하였습니다."민 22:34 하지만 참된 고백은 감람나무에서 향유가 흘러나오고 벌집에서 꿀이 떨어지듯 입술에서 자연스럽게 떨어져 내립니다. "내가 하늘과 아버지 앞에 죄를 지었습니다."눅 15:18 탕자는 자신의 아버지가 죄를 묻기 전에 스스로 자신의 죄를 고백했습니다.

2. 고백에는 뉘우침이 있어야 합니다

마음은 죄를 깊이 증오해야 합니다. 육에 속한 사람의 고백은 관을 통해 물이 빠져나가듯 그 사람을 통해 흘러 나가고 맙니다. 그러한 고백은 그에게 어떠한 영향도 끼치지 못합니다. 하지만 참된 고백은 마음에 도장처럼 뚜렷한 상처 자국을 남깁니다. 다윗의 영혼은 죄를 고백하면서 무거운 짐을 진 듯 눌렸습니다.

"이 무거운 짐을 내가 더는 견딜 수 없습니다."시 38:4 죄를 고백한다는 것과 죄를 아프게 느낀다는 것은 다릅니다.

3. 고백은 진심에서 나와야 합니다

우리의 마음이 우리의 고백에 찬성해야 합니다. 위선자는 죄를 고백하지만 여전히 그 죄를 사랑합니다. 물건을 훔쳤다고 실토하는 도둑이 여전히 도둑질을 사랑함과 같습니다. 입술로는 교만과 탐욕을 고백하지만 고백한 그것들을 혀 밑의 꿀처럼 굴리며 즐기는 사람들이 얼마나 많은지 모릅니다. 아우구스티누스의 이야기를 들어 봅시다. 회심하기 전에 그는 죄를 고백하고 그 죄를 이길 힘을 달라고 간청했습니다. 그런데 안에서 마음이 속삭였다는 것입니다. "주님, 아직 아닙니다." 그는 죄를 너무 일찍 떠나기가 싫었습니다. 좋은 그리스도인은 이보다 더 정직해야 합니다. 그의 마음은 혀와 일치합니다. 그는 자신이 고백하는 죄를 확신하고, 확신한 그 죄를 혐오합니다.

4. 고백은 죄를 구체적으로 지적해야 합니다

악인은 자신이 전반적으로 죄인임을 인정합니다. 그는 죄를 도매로 넘기듯 고백합니다. 그의 고백은 느부갓네살의 꿈 얘기와 흡사합니다. "내가 꿈을 하나 꾸었는데." 하지만 그는 무슨 꿈을 꾸었는지 알 수 없었습니다. "그 꿈을 알 수 없어서 마음이 답답하다."단 2:3 악한 자 역시 "주님, 내가 죄를 지었습니다" 하고 말하지만 무슨 죄를 지었는지 알지 못합니다. 그는 자신의 죄를 기억조차 못 하지만 참된 회개자는 자신의 죄를 조목조목 인정합니다. 부상당한 자가 의사에게 가서 모든 상처를 보여주며 머리를 찔렸고 팔을 베였다 하는 식으로, 애통하는 죄인은 자기 영혼의 여러 질환을 일일이 고백합니다. 이스라엘은 자신들에 대한 특정한 고발장을 작성했습니다. "우리가 우리 하나님을 저버리고 바알을 섬기어 주님께 죄를 지었습니다."삿 10:10 그리고 다니엘서의 예언자는 민족에게 화를 불러온 그 죄를 읊습니다. "우리는 주님의 종 예언자들이 주님의 이름으로……말하는 것을 듣지 않았습니다."단 9:6 우리의 마음을 부지런히 살펴보면 우리가 어떤 특정한 죄에 빠져 있는지 알 수 있을 것입니다. 바로 그 죄를 눈물로써 지적합니다.

5. 근본적인 죄를 고백해야 합니다

그는 자신의 본성이 오염되었음을 인정합니다. 우리 본성의 죄는 선의 박탈과 아울러 악의 유입을 말합니다. 이 죄는 철에 슨 녹이요 예복에 묻은 얼룩과 같습니다. 다윗은 자신의 태생적인 죄를 인정합니다. "실로, 나는 죄 중에 태어났고, 어머니의 태 속에 있을 때부터 죄인이었습니다."시 51:5 인류가 최초로 저지른 많은 죄들은 사탄의 유혹 때문이었다고 말할 수 있지만, 이 본성의 죄는 전적으로 우리 자신에게서 나온 것입니다. 우리는 이 죄를 사탄에게 전가할 수 없습니다. 우리 안에는 독초나 쓴 열매를 맺는 뿌리가 있습니다.신 29:18 우리의 본성은 만악의 구덩이요 온상이며, 거기서 나온 추악한 것들이 세상으로 퍼져 나갑니다. 우리의 거룩한 것들을 오염시키는 것이 바로 이 본성의 타락입니다. 또한 하나님의 심판을 불러오고 우리의 은총을 처음 받은 상태에서 조금도 자라지 못하도록 고착시키는 것이 바로 이 본성의 죄입니다. 오, 근본적인 죄를 고백합시다!

6. 죄를 유발하는 모든 환경 및 죄를 가중시키는 요인 역시 함께 고백해야 합니다

복음을 알고도 짓는 죄는 의심의 여지없이 더 무겁습니다. 지식, 은혜, 맹세, 경험, 심판을 거슬러 지은 죄를 고백하십시오. "마침내 하나님이 그들에게 진노하셨다. 살진 사람들을 죽게 하시며, 이스라엘의 젊은이들을 거꾸러뜨리셨다. 이 모든 일을 보고도 그들은 여전히 죄를 지으며."시 78:31-32 이러한 것들이 우리의 죄를 한층 더 무겁게 하는 끔찍한 요인들입니다.

7. 고백을 하되 모든 죄를 철저히 우리 탓으로 돌려서 하나님의 명예를 지켜야 합니다

주께서 섭리의 엄중함을 보이시며 무서운 칼을 빼어 든다 해도 우리는 마땅히 그분의 무죄를 선언하고 그분께서 우리에게 아무런 잘못도 하지 않았음을 인정해야 합니다. 느헤미야는 자신의 죄를 고백하면서 하나님의 정의로움을 지지했습니다. "우리에게 이 모든 일이 닥쳐왔지만, 이것은 주님의 잘못이 아닙니다. 잘못은 우리가 저질렀습니다."느 9:33 황제 모리티우스*는 자신의 눈앞에서 아내가 포카스에게 살해당하는 것을 보고도 이렇게 외쳤습니다. "오 주님, 당신께서는 모든 일에서 의로우십니다."

8. 죄를 고백하되 다시는 죄를 짓지 않겠다는 결심이 있어야 합니다

어떤 이들은 죄를 고백하고 바로 뛰쳐나가 죄를 짓습니다. 일 년에 하루를 정해 뱀을 잡아 죽이고, 그날이 지나면 다시 뱀들이 기어 다니도록 놔두는 페르시아인들과 다를 바 없습니다. 많은 사람들이 이처럼 고백을 통해 죄를 죽이지만 그 뒤로는 전보다 더 빨리 자라도록 놓아두는 것 같습니다. "악한 일을 그치고."[사 1:16] "우리는 하지 말아야 할 일을 했습니다"(공동기도서)라고 고백하고서 여전히 같은 일을 반복한다면 고백이 무슨 소용이겠습니까. 바로는 죄를 지었다고 고백했지만,[출 9:27] 천둥이 그치자 다시 죄를 짓기 시작했습니다. "그러나 바로는 비와 우박과 천둥소리가 그친 것을 보고서도 다시 죄를 지었다. 그와 그의 신하들이 또 고집을 부렸다."[출 9:34] 오리게네스는 고백을 일러 영혼의 구토라고 했는데, 이 구토로 인해 양심이 그동안 내리누르던 짐을 벗고 편안해진다는 것입니다. 그러니 우리가 고백으로 죄를 토해 내고서 다시 이 토사물로 돌아갈 수는 없습니다. 반역을 자백한 뒤 새로이 역모를 꾸미는 자를 어떤 왕이 용서하겠습니까?

여기까지 고백의 조건을 살펴보았습니다.

적용 1 고백은 회개의 필수적인 성분입니까? 여기에 네 종류

• 로마 황제(재위 582-602). 모리티우스 이후 포카스가 황제가 되었다.

의 사람에 대한 고발장이 있습니다. 첫째, 죄를 숨기는 자. 그들은 라헬이 자기 아버지의 수호신상들을 깔고 앉아 숨겼듯이창 31:34 자신들의 죄를 숨깁니다. 많은 이들이 죄를 제거하기보다는 숨기고 싶어 합니다. 그들은 자신들의 초상화를 다루듯 죄를 다룹니다. 커튼을 쳐서 소중히 가리는 것입니다. 그런가 하면 자신들의 사생아를 숨기듯 꾹꾹 눌러 죄를 숨기는 이들도 있습니다. 하지만 그들이 혀를 움직여 고백하지 않는다 해도 하나님께서 다 보고 계시니, 그들의 반역을 밝혀내실 것입니다. "이제 나는 너희를 호되게 꾸짖고 너희의 눈앞에 너희의 죄상을 낱낱이 밝혀 보이겠다."시 50:21 사람들이 가슴 안쪽에 꾹꾹 눌러 숨겨 둔 부정과 불의는 어느 날 그들의 이마에 다이아몬드 촉으로 쓴 듯 선명히 새겨질 것입니다. 다윗처럼 고백하고 용서받지 않는 자들은 아간처럼 실토하고 돌에 맞을 것입니다. 자신의 죄를 숨기기 위해 마귀의 변호사가 되는 것은 위험합니다. "자기의 죄를 숨기는 사람은 잘 되지 못하지만."잠 28:13

둘째, 죄를 고백하되 어중간하게 고백하는 자. 그들은 전부 고백하지는 않습니다. 푼돈은 내놓고 큰돈은 숨깁니다. 헛된 생각이나 건망증 같은 사소한 잘못은 고백하지만, 무분별한 분노, 착취, 도덕적 부정과 같이 심각한 죄들은 고백하지 않습니다. 이들은 플루타르크가 말하는바 간과 폐가 썩었는데 배가 아프다고 하소연하는 자와 다를 것이 없습니다. 우리 자신이 모든 죄를 고백하지 않고서 어찌 하나님께 모든 죄를 용서받으리라고 기대할 수 있겠습니까? 물론 우리는 우리가 지은 모든 죄를 정확히 기억할 수는 없습니다. 하지만 우리가 명백히 인식하고 우리의 양심이 고발하는 죄는 우리가 자비를 바라는 한 반드시 고백해야 합니다.

셋째, 죄를 깎아내고 완화하는 식으로 고백하는 자. 은혜로운 영혼은 자신의 죄를 최대한 무겁게 하려고 애를 쓰지만, 위선자들은 최대한 가볍게 하려고 합니다. 그들은 자신들이 죄인임을 부정하지는 않습니다. 하지만 될 수 있는 한 죄를 줄여보려고 합니다. 그들이 어쩌다 죄를 지을지는 몰라도, 죄를 줄여보려는 의도는 그들의 본능이며 연원이 깊습니다. 이처럼 고백이 아닌 변명의 말이 있습니다. "내가 죄를 지었습니다. 주님의 명령과 예언자께서 하신 말씀을 어겼습니다. 내가 군인들을 두려워하여 그들이 하자는 대로 하였습니다."^{삼상 15:24} 사울은 지금 자신의 죄를 군인들에게 돌리고 있습니다. 그들이 시켜서 할 수 없이 양과 소를 살려 두었다는 것입니다. 그것은 변명일 뿐 자기 고발이 아니었습니다. 이러한 성향은 대물림된 것입니다. 아담은 자신이 금단의 과일을 맛보았다고 인정했지만, 그 죄를 무겁게 여기지 않고 하나님의 탓으로 돌렸습니다. "하나님께서 저와 함께 살라고 짝지어 주신 여자, 그 여자가 그 나무의 열매를 저에게 주기에 제가 그것을 먹었습니다."^{창 3:12} 다시 말해, 이 여자가 먼저 유혹하지 않았다면 내가 범죄하지 않았다는 것입니다. 그것은 어떠한 변명도 통할 수 없는 나쁜 죄이니, 어떠한 염료로도 염색이 안 되는 거친 모직과 같습니다. 우리는 죄를 덜어내고 줄이는 데 얼마나 능한지 모릅니다. 망원경을 반대로 돌려 죄를 보니, 어찌 그 죄가 "사람의 손바닥만한 작은 구름."왕상 18:44처럼 보이지 않을 수 있겠습니까.

넷째, 죄를 대놓고 변호할 정도로 고백과 동떨어진 자. 그들은 눈물을 흘리며 죄를 슬퍼하는 것이 아니라 따지고 들며 방어합니다. 그들의 죄가 분노일진대 이처럼 정당화할 것입니다. "옳다뿐이겠습니까? 저는 화가 나서 죽겠습니다."욘 4:9 그들의 죄가 탐욕일진대 마찬가지로 옹호할 것입니다. 사람이 죄를 범할 때는 마귀의 종이 되고, 죄를 변호할 때는 마귀의 변호사가 됩니다. 그러니 변호사 비용은 마귀가 댈 것입니다.

적용 2 진실하게 죄를 고백함으로써 우리가 회개하는 자임을 보입시다. 십자가에 달린 죄수는 자신의 죄를 고백했습니다. "우리야 우리가 저지른 일 때문에 그에 마땅한 벌을 받고 있으니."눅 23:41 이에 그리스도께서 죄수에게 말씀하셨습니다. "너는 오늘 나와 함께 낙원에 있을 것이다."눅 23:43 죄를 고백하면 지옥문이 닫히고 낙원의 문이 열린다는 아우구스티누스의 말도 아마 이 구절에서 비롯되었을 것입니다. 우리의 고백이 스스럼없고 솔직한 고백이 될 수 있도록 다음의 내용을 살펴봅시다.

첫째, 거룩한 고백은 하나님께 영광을 돌립니다. "나의 아들아, 주 이스라엘의 하나님께 영광을 돌리고 그에게 사실대로 고백하여라."수7:19 겸손한 고백은 하나님을 찬양합니다. 우리의 입에서 나온 간곡한 호소로 인해 그분께서 책망을 거두신다면 그분께 얼마나 영광이겠습니까? 우리가 죄를 고백하는 동안 하나님의 용서하시는 인내와 죄인들을 구원하시는 은혜가 커집니다.

둘째, 고백은 영혼을 겸손하게 하는 수단입니다. 자신을 지옥에 떨어져 마땅한 죄인으로 인정한다면 당연히 자랑할 것이 없을 것입니다. 제비꽃처럼 겸손히 고개를 숙임이 마땅합니다. 참된 회개자는 자신이 하는 모든 일에 죄가 섞여 있음을 고백하며, 따라서 함부로 제 일을 자랑하지 않습니다. 웃시야는 왕이었지만 이마에 나병을 얻었습니다. 그는 온전히 자신을 낮추어야 했으나 그렇게 하지 않았습니다.대하26:19 그러므로 하나님의 자녀는 아무리 선을 행한다 해도 거기에 많은 악이 함께 들어 있음을 인정합니다. 이렇게 해야 교만의 날개가 꺾입니다.

셋째, 고백은 괴로운 마음을 해소합니다. 양심이 죄책감으로 끓어오를 때 고백이 배출구를 마련합니다. 오래 묵은 종기를 째서 터뜨림과 같으니, 회개자는 그제야 살 것 같습니다.

넷째, 고백은 죄를 몰아냅니다. 아우구스티누스는 고백을 "악의 배출구"라고 했습니다. 죄는 나쁜 피이며, 고백은 혈관을 열어 이 나쁜 피를 내보냄과 같습니다. 또 고백은 거름 문과 같은데, 이 문을 통해서 성 안의 온갖 오물이 밖으로 나갑니다.느3:13 고백은 구멍 난 배 안으로 들어오는 물을 퍼냄과 같습니다. 그렇게 죄를 퍼내지 않으면 영혼의 배는 가라앉을 것입니다. 고백은 영혼의 얼룩을 닦아 내는 수건과 같습니다.

다섯째, 죄를 고백하는 영혼에게는 그리스도가 귀해집니다. "나는 죄인입니다" 하고 말하는 순간 그리스도의 피가 내게 얼마나 보배로운지 모릅니다! 바울은 죄된 육신을 고백하고서 벼락같은 기쁨으로 그리스도께 감사를 드렸습니다. "우리 주 예수 그리스도를 통하여 나를 건져 주신 하나님께 감사를 드립니다." 롬 7:25 빚진 자가 채무를 고백하는데 채권자가 빚을 독촉하지 않고 오히려 자신의 아들을 지정하여 그 빚을 대신 갚으라고 한다면, 빚진 자로서 이보다 고마운 일이 있겠습니까? 그러므로 우리가 우리의 채무를 고백할 때, 또한 그 빚을 갚을 능력이 없어 영원히 지옥에 살아야 함에도 하나님께서 당신의 아들을 지정하시어 피를 쏟게 하심으로 우리의 빚을 갚아주셨다고 고백할 때, 값없이 주신 그 은혜가 얼마나 클 것이며 예수 그리스도께서는 또 얼마나 사랑스럽고 존귀해지겠습니까?

여섯째, 죄의 고백은 용서의 통로가 됩니다. 탕자가 자신의 입으로 직접 "아버지, 내가 하늘과 아버지 앞에 죄를 지었습니다" 하고 고백하는 순간, 그의 아버지는 마음이 풀어져 아들에게 입을 맞추었습니다. 눅 15:20 다윗이 "내가 주님께 죄를 지었습니다"라고 말하자, 예언자는 즉시 용서가 담긴 선물상자를 가져왔습니다. "주님께서 임금님의 죄를 용서해 주실 것입니다." 삼하 12:13 진실한 마음으로 죄를 고백하는 사람은 하나님의 용서의 보증서를 받습니다. "우리가 우리 죄를 자백하면 하나님은 신실하시고 의로우신 분이셔서 우리 죄를 용서하시고."요일 1:9 사도는 왜, 하나님은 자비로우셔서 우리의 죄를 용서해 주신다고 말하지 않고 의로우셔서 용서해 주신다고 말합니까? 그렇습니다. 우리의 죄를 용서해 주시겠다고 엄히 약속하셨으니, 하나님은 의롭고 공정하십니다. 죄를 고백하고 그리스도를 믿는 마음으로 회개하는 사람에 대한 용서는 하나님의 신실하심과 공의로우심이 보증합니다.

일곱째, 죄를 고백하라는 이 명령은 합리적이고 쉽습니다. 이것은 합리적인 명령입니다. 어떤 사람이 누구에게 해를 끼쳤을 때 잘못했다고 고백하는 것보다 합리적인 것이 있겠습니까? 우리가 죄를 지어 하나님께 해를 끼쳤을진대 그 범죄를 고백함이 무엇보다 합리적이고 도리에 맞습니다. 또한 이것은 쉬운 명령입니다. 첫째 언약과 둘째 언약의 차이가 얼마나 큰지 모릅니다! 첫째 언약은 범죄하면 죽는다는 것입니다. 둘째 언약은 죄를 고백하면 사면을 받는다는 것입니다. 첫째 언약에서는 보증이 허락되지 않았습니다. 은혜의 언약 아래에서는 우리가 채무를 고백하기만 하면 그리스도께서 우리의 보증이 되실 것입니다. 인간을 구원하는 방편으로 겸손한 회개보다 쉽고 간편한 길을 생각할 수 있습니까? "다만 너는 너의 죄를 깨달아라."렘 3:13 하나님께서 우리에게 말씀하십니다. "나는 숫양을 잡아 바쳐서 네 죗값을 치르라고 요구하지 않는다. 나는 네 영혼의 죄로 인해 네 육신의 열매를 단념하라고 요구하지 않는다. 다만 너는 너의 죄를 깨달아라. 너 스스로 자신에 대한 고발장을 작성하고 유죄를 인정하기만 하라. 그러면 틀림없이 사면받으리라."

이처럼 설명했으니 이제 고백이라는 의무가 좀 더 친근하게 보이지 않을까 합니다. 회개함으로써 죄의 독을 내던집시다. 그리하면 오늘 이 집에 구원이 임할 것입니다.

이제 양심의 문제가 하나 남았습니다. 우리는 우리의 죄를 사람에게 고백할 의무가 있습니까? 가톨릭교도들은 신부에게 하는 비밀고백을 강력히 주장합니다. 반드시 사제의 귀에 대고 죄를 고백해야 하며, 그렇지 않을 경우는 사면받지 못한다는 것입니다. 그들은 "그러므로 여러분은 서로 죄를 고백하고"약5:16라는 말씀을 근거로 내세우지만, 이 구절은 그들의 의도와는 맞아떨어지지 않습니다. 오히려 이 구절은 신도가 사제에게 고백하듯 사제 또한 신도에게 고백해야 한다는 뜻에 더 가깝습니다. 사제에게 하는 고백은 교황의 황금 교리 중 하나입니다. 그래서 사제에게 하는 이 비밀고백은, 복음서의 물고기처럼, 그 입을 벌려 보면 돈이 있습니다. "고기를 잡아서 그 입을 벌려 보아라. 그러면 은전 한 닢이 그 속에 있을 것이다."마17:27 이처럼 나는 가톨릭에서 말하는바 사람에게 하는 고백에는 찬성하지 않습니다만, 다음의 세 경우는 반드시 사람에게 고백해야 한다고 생각합니다.

첫째, 모두가 수군대는 죄를 짓고 그로 인해 다른 사람들까지 실족케 한 경우, 추문의 당사자는 공개적으로 엄숙히 자신의 죄를 인정하여 자신의 추문이 모두에게 드러난 것처럼 명백히 자

신의 회개를 보여야 합니다.^{고후 2:6-7}

둘째, 하나님께 죄를 고백했지만 양심이 여전히 무겁고 마음에 평안이 없을 경우, 반드시 그는 사려 깊고 경건한 친구들에게 죄를 고백해야 합니다. 그들이 곧 조언하며 도와줄 것입니다.^{약 5:16} 그리스도인들은 목회자와 영적인 친구들에게 더더욱 스스럼없이 심중을 열고 영혼의 상처와 괴로움을 공개해야 하며, 이와 관련해서는 지나친 겸손을 버려야 합니다. 양심을 찌르는 가시가 있을진대, 뽑아 줄 사람을 활용함이 마땅합니다.

셋째, 다른 사람을 비방하고 그 명예를 훼손한 경우, 그는 반드시 고백해야 합니다. 전갈의 독은 꼬리에 있고 험담꾼의 독은 혀에 있습니다. 그의 말은 호저의 가시처럼 깊이 찌릅니다. 다른 이의 평판에 치명적인 손상을 가하거나 거짓 증언으로 타인에게 재산상의 손실을 입힌 사람은 반드시 죄를 고백하고 용서를 구해야 합니다. "그러므로 네가 제단에 제물을 드리려고 하다가 네 형제나 자매가 네게 어떤 원한을 품고 있다는 생각이 나거든, 너는 그 제물을 제단 앞에 놓아두고 먼저 가서 네 형제나 자매와 화해하여라. 그런 다음에 돌아와서 제물을 드려라."^{마 5:23-24} 잘못을 고백하지 않고 어떻게 이와 같은 화해가 가능하겠습니까? 고백이 아직 이행되지 않았다면 하나님께서는 여러분의 어떠한 섬김도 받아들이지 아니하실 것입니다. 거룩한 제단에 섰다 해서 사면받으리라 생각하지 맙시다. 형제에게 먼저 가서 잘못을 고백하고 그의 분노를 가라앉히지 않는다면, 여러분이 하나님께 기도하고 그분의 말씀을 듣는 모든 일이 허사가 될 것입니다.

chapter **04.**

참된 회개의 본질 II

네 번째 성분: 죄를 부끄러워함

회개의 네 번째 성분은 부끄러움입니다. "그들이 자기들의 온갖 죄악을 부끄럽게 여기게 하고."겔 43:10 얼굴에 드러난 붉은 색은 덕의 색깔입니다. 죄로 인해 마음이 검어지면 은혜가 부끄러움을 불러일으켜 얼굴을 붉게 만듭니다. "나의 하나님이여, 내가 부끄럽고 낯이 뜨거워서 감히 나의 하나님을 향하여 얼굴을 들지 못하오니."스 9:6, 개역개정 회개하는 탕자는 자신의 방탕이 너무 부끄러워 더 이상 아들이라 불릴 가치도 없다고 생각했습니다.눅 15:21 회개는 거룩한 부끄러움을 불러일으킵니다. 죄인의 가슴에 그리스도의 피가 없다면 얼굴이 그토록 붉어지는 일도 없을 것입니다. 죄와 부끄러움에 대해서는 다음의 아홉 가지를 생각해 볼 수 있습니다.

첫째, 모든 죄는 죄의식을 만들어 내고 죄의식은 대개 부끄러움을 일으킵니다. 죄 없던 시기의 아담은 부끄러움을 몰랐습니다. 백합처럼 희었을 뿐 장미의 붉음은 아직 없었습니다. 하지만 죄를 지어 자신의 영혼을 훼손하는 순간 그는 부끄러움을 알았습니다. 죄는 지금까지 우리의 피를 더럽히고 있습니다. 우리는 천국의 왕권에 대한 반역죄를 지었습니다. 마땅히 우리는 거룩한 겸손과 부끄러움을 보여야 합니다.

둘째, 모든 죄에는 감사할 줄 모르는 태도가 있고, 이것은 정말 부끄러운 일입니다. 배은망덕하다는 소리를 들으면 부끄러울 것입니다. 우리는 까닭도 없이 하나님께 죄를 지었습니다. "너희의 조상이 나에게서 무슨 허물을 발견하였기에."렘 2:5 우리가 무슨 까닭으로 하나님을 지겨워해야 합니까? 자비를 너무 많이 베푸셔서 지겹단 말입니까? 오, 그동안 우리에게 내린 이슬방울이 얼마나 많았습니까! 우리는 가장 고운 밀가루를 먹었으며, 천사들의 음식으로 배불렀습니다. 하늘에 계신 우리 아론의 머리에서부터 거룩한 황금 기름의 축복이 우리에게 흘러내렸습니다. 이토록 좋으신 하나님의 친절을 욕되게 한다는 것은 얼마나 부끄러운 일입니까! 율리우스 카이사르는 어처구니없게도 자신이 그토록 총애하던 브루투스*에게서 이와 같은 모욕을 당했습

---

* 브루투스는 율리우스 카이사르의 가장 친한 친구였지만 카이사르 암살에 가담해 주전 44년 그를 죽음에 이르게 했다.

니다. 자신을 찔러 죽이러 온 브루투스를 보고 그는 말했습니다. "나의 아들 브루투스, 네가?" 오, 자비가 오히려 화근이라니, 어찌 이럴 수 있단 말인가! 3세기의 로마인 아엘리아누스가 보고하는바, 독수리는 향기를 맡고서 시름시름 앓는다고 합니다. 하나님의 자비의 향기를 맡고서 교만과 사치의 질병에 걸린다면 얼마나 어이없는 일입니까. 선을 악으로 갚고 먹여 준 자를 걷어차며,신 32:15 하나님의 자비를 화살로 만들어 그분께 되쏘고, 그분의 은총으로 오히려 그분께 상처를 입힘이여! 끔찍한 배은망덕이여! 이러고도 우리의 얼굴이 붉게 물들지 않는단 말입니까? 배은망덕은 하나님께서도 기막혀 하실 만큼 큰 죄입니다. "하늘아, 들어라! 땅아, 귀를 기울여라! 주님께서 말씀하신다. '내가 자식이라고 기르고 키웠는데 그들이 나를 거역하였다.'"사 1:2

셋째, 죄는 우리를 벌거숭이로 만들었고, 이는 부끄러운 일입니다. 죄는 우리의 거룩한 흰옷을 벗겼습니다. 이로 인해 우리는 벌거벗었고, 하나님 보시기에 추한 자들이 되었으니, 부끄러워해야 할 일입니다. 하눈이 다윗의 신하들을 학대하고 입은 옷을 잘라 내 벌거숭이로 만들자, 그 신하들은 말할 수 없이 수치스러워했다고 성경은 말합니다.삼하 10:5

넷째, 우리의 죄가 그리스도를 수치스럽게 했으니, 우리는 마땅히 부끄러워해야 하지 않겠습니까? 유대인들은 그리스도께 홍포를 입혔습니다. 그분의 손에 갈대를 쥐어 주고, 얼굴에 침을 뱉었으며, 참아 내기 힘든 욕설을 퍼부었습니다. 이처럼 "십자가의 수치"가 있었습니다. 게다가 그분께서는 하나님의 어린양으로서 지극히 존귀하신 분이었으니 세상에 이보다 더한 수치는 없었습니다. 우리의 죄로 인해 그리스도께서 수치를 당하셨으니, 우리 또한 우리의 죄로 인해 수치를 당하지 않겠습니까? 그분께서 홍포를 두르셨다면 우리의 얼굴 또한 피처럼 붉어지지 않겠습니까? 그리스도의 수난에 태양마저 얼굴을 붉히다가 끝내 어둠 속으로 모습을 감추었을진대, 우리가 그 태양을 바라보며 얼굴을 붉히지 않을 수 있겠습니까?

다섯째, 우리가 저지르는 많은 죄들은 마귀의 특별한 부추김에 의한 것이니, 이 또한 부끄러워해야 할 이유 아닙니까? 마귀는 유다의 마음속에 그리스도를 팔아넘길 생각을 집어넣었습니다.요 13:2 마귀는 아나니아의 마음을 거짓으로 채웠습니다.행 5:3 마귀는 곧잘 우리의 분노를 부추깁니다.약 3:6 사생아를 낳는 것이 수치이듯, 마귀 외에 아비가 달리 없는 죄들을 낳는 것 또한 수치입니다. 처녀 마리아는 성령의 능력으로 잉태했다고 합니다만눅 1:35 우리는 종종 사탄의 능력으로 잉태합니다. 우리의 마음에 교만과 욕망과 원한이 잉태되는 경우는 대부분 마귀의 능력에 의한 것으로 볼 수 있습니다. 우리가 저지르는 많은 죄들이 옛 뱀과의 음행에 의한 것이라니 부끄러운 일 아닙니까?

여섯째, 죄는 키르케*의 마법의 술잔처럼 사람들을 짐승으로 만듭니다.시 49:12 이 또한 부끄러운 일 아닙니까? 죄인들은 여우,

---

• 그리스 전설에 나오는 마녀로서 오디세우스의 동료들에게 마법의 술잔을 주고 그들을 돼지로 변하게 했다.

눅 13:32 이리,마 7:15 들나귀,욥 11:12 돼지벧후 2:22에 비유됩니다. 죄인은 사람의 머리를 한 돼지입니다. 옛적에 거의 천사들처럼 존엄했던 사람이 이제 짐승 수준으로 추락했습니다. 우리의 이 세상 삶에 임한 은혜가 인간의 이 짐승 같은 기질을 완전히 지워 없애지는 못합니다. 그 선한 인간 아굴이 이처럼 외쳤습니다. "참으로 나는 사람이라기보다는 우둔한 짐승이며."잠 30:2 선한 사람이 이렇게 말할 정도라면 일반적인 죄인들은 말 그대로 완전히 짐승입니다. 그들은 이성에 따라 행동하지 않고 욕망과 분노에 휩쓸려 정신을 못 차립니다. 우리가 이처럼 우리의 본모습 이하로 추락했으니 얼마나 부끄러운 일입니까? 우리의 죄가 한때 우리에게 있던 고귀하고 늠름한 기상을 빼앗아 갔습니다. 우리의 머리에서 왕관이 떨어졌습니다. 우리에게 있던 하나님의 형상은 훼손되었고, 이성은 어두워졌으며, 양심은 마비되었습니다. 우리 안에는 천사보다 짐승이 많습니다.

일곱째, 모든 죄는 어리석습니다.렘 4:22 사람은 자신의 어리석음을 부끄러워할 것입니다. 생명의 양식보다 썩어질 양식을 위해 더 많은 노고를 바친다면 어리석은 자 아닙니까? 육신의 즐거움 따위의 하찮은 것을 탐하느라 천국을 잃는다면, 예컨대 티베리우스*처럼 술 한 모금을 탐하느라 자신의 왕국을 몰수당한다면, 어리석은 자 아닙니까? 육신을 지키다가 영혼에 상처를

● 로마의 3대 황제로서 누가복음 3:1에 언급된다. 주후 14년에서 37년까지 통치했다. 만성적인 술 중독으로 치세 기간 내내 비난받았다.

입는다면 어리석은 자 아닙니까? 조끼가 상할까 싶어 팔이나 머리로 칼날을 막으려는 자와 무엇이 다르다는 말입니까! 약속보다 유혹을 더 믿는 자를 어찌 어리석다 아니하겠습니까? 자신의 구원보다 유흥에 더 마음 쓰는 자가 어리석지 않겠습니까? 땅이 아니라 어리석음을 유산으로 삼다니 잠 14:18 얼마나 부끄러운 일입니까.

여덟째, 우리가 저지르는 죄는 이교도의 죄보다 한결 무거우며, 우리는 마땅히 이를 부끄러워해야 합니다. 우리가 죄를 짓는다면 이는 상대적으로 더 많은 빛을 거스르는 셈입니다. 알다시피 하나님의 말씀이 우리에게 위탁되었습니다. 그리스도인이 저지른 죄는 이교도가 저지른 똑같은 죄보다 중하고 무거운데, 이는 그리스도인이 한결 더 명백한 확신을 거슬러 죄를 짓기 때문입니다. 이것은 양모에 염색을 하듯 더 명백한 죄, 혹은 저울에 더 큰 추를 얹듯 더 무거운 죄입니다.

아홉째, 우리의 죄는 마귀들의 죄보다 중합니다. 타락한 천사들은 결코 그리스도의 피를 욕되게 하는 죄는 짓지 않았습니다. 그리스도께서 그들을 위해 돌아가신 것이 아니기 때문입니다. 그분의 공로라는 약은 악마들을 치유하기 위한 것이 아니었습니다. 하지만 우리는 불신앙으로 그분의 피를 욕되게 하고 그 가치를 훼손했습니다.

마귀들은 결코 하나님의 인내를 거스르지 않았습니다. 그들은 배반하자마자 지옥으로 떨어졌기 때문입니다. 하나님께서 그 천사들을 위해 인내하신 경우는 없었습니다. 하지만 우리는 하나님의 인내를 바닥까지 긁어 썼습니다. 그분께서는 우리의 약함을 동정하시고, 우리의 뻔뻔스러움을 참아 주셨습니다. 그분의 성령께서는 거듭 거절당하셨지만 한결같이 우리에게 호소하셨고, 앞으로도 늘 간청하실 것입니다. 우리 인간의 괘씸한 소행에 모세는 물론 천사들의 인내도 바닥나고 말았습니다. 우리는 하나님의 인내심마저 갉아먹고, 결국 우리를 연민하시는 것조차 지겨워하시게 만들었습니다.렘 15:6

마귀들은 결코 본보기를 무시하지 않았습니다. 그들은 최초로 죄를 짓고 최초의 본보기가 되었을 뿐입니다. 우리는 그 천사들, 그 새벽별들이 영광스러운 별자리에서 추락하는 것을 보았습니다. 우리는 저 옛 세계가 홍수에 잠기고 소돔이 불에 타는 모습을 보았습니다. 그렇게 보고서도 우리는 여전히 죄를 향해 무모하게 달려들었습니다. 동료가 교수형을 당하는 바로 그 장소에서 물건을 훔치는 도둑은 얼마나 딱합니까. 우리의 죄가 마귀들의 죄보다 클진대, 이는 명백히 부끄러워해야 할 일입니다.

적용 1 부끄러움은 죄의 성분입니까? 그렇다면 부끄러움이 없는 자들은 얼마나 회개와 동떨어진 자들입니까? 많은 이들이 부끄러움을 모르고 죄를 지었습니다. "그래도 악한 자는 부끄러운 줄을 모르는구나!"습 3:5 부끄러움을 모르는 것처럼 부끄러운 일도 없습니다. 주께서 유대인들에게 그러한 낙인을 찍습니다. "그들이 그렇게 역겨운 일들을 하고도 부끄러워하기라도 하였느냐? 천만에! 그들은 부끄러워하지도 않았고 얼굴을 붉히지도 않았다."렘 6:15 마귀가 인간에게서 부끄러움을 훔쳐 갔습니다. 메리 1세 시대에 박해자들 중 하나가 순교자들을 잔인하게 죽인 일로 비난을 받고서 이처럼 대꾸했습니다. "부끄러워해야 할 일이 없었소." 느부갓네살 왕이 소처럼 풀이나 뜯으면서도 부끄러운 줄 몰랐듯이, 오늘날 많은 사람들이 자신의 죄를 부끄러워하지 않습니다. 돌처럼 단단한 마음에 철면피놋쇠, 사 48:4 같은 얼굴을 한 사람들이 있다면 마귀가 그들을 완전히 사로잡았다고 봐도 됩니다. 사람 외에 부끄러워할 줄 아는 피조물은 없습니다. 잔인한 짐승들도 두려움과 고통은 느끼지만 부끄러움은 알지 못합니다. 죄를 부끄러워할 줄 모르는 사람들은 짐승과 다를 바 없습니다.

이 거룩한 부끄러움을 모르고 오히려 자신들의 죄를 자랑스러워하는 사람들이 있습니다. 그들은 자신들의 장발을 자랑합니다. 이런 사람들은 악마에게 잡힌 나실인들입니다. "자연 그 자체가 여러분에게 가르쳐 주지 않습니까? 남자가 머리를 길게 하는 것은 그에게 불명예가 되지만."고전 11:14 남자의 장발은 남녀의 구분을 혼란스럽게 합니다. 어떤 이들은 검은 반점을 자랑합니다. 하나님께서 그것을 푸른 반점으로 바꾸시면 어찌합니까?

역시 죄를 부끄러워할 줄 모르고 오히려 자신들의 죄를 영광스러워하는 사람들이 있습니다. "그들은……자기네의 수치를 영광으로 삼고."빌 3:19 어떤 이들은 영광스러워해야 할 것을 외려 수치로 여깁니다. 손에 좋은 책을 들고 다니는 것을 누가

볼까 싶어 부끄러워합니다. 어떤 이들은 거꾸로 수치를 영광으로 여깁니다. 그들은 죄를 굉장한 멋으로 압니다. 욕설꾼들은 말할 때 반드시 욕이 들어가야 멋있다고 생각합니다. 술꾼들은 두주불사를 대단한 자랑으로 여깁니다.사 5:22 하지만 이 모든 사람들이 전능자의 입김으로 일곱 배나 뜨거워진 풀무 불에 들어갈 때도 죄를 자랑하게 둡시다.

적용 2 겸손한 부끄러움으로 우리가 회개하는 자임을 보입시다. "나의 하나님이여, 내가 부끄럽고 낯이 뜨거워서 감히 나의 하나님을 향하여 얼굴을 들지 못하오니."스 9:6, 개역개정 "나의 하나님이여"—이 부름에 믿음이 있습니다. "부끄럽고 낯이 뜨거워서"—이 고백에 회개가 있습니다. 위선자들은 하나님을 자신들의 하나님이라고 보란 듯이 부르겠지만 부끄러움은 알지 못합니다. 오, 우리는 마땅히 우리의 죄로 인하여 거룩한 부끄러움을 느껴야 하겠습니다. 확신하건대, 지금 우리가 죄를 많이 부끄러워할수록 그리스도께서 오시는 날에는 그만큼 덜 부끄러울 것입니다. 심판 날에 거룩한 자들의 죄가 언급된다면 그것은 그들을 부끄럽게 하고자 함이 아니요, 그들을 용서해 주신 하나님 은혜의 부요하심을 드높이고자 함입니다. 악인들은 진실로 마지막 날에 부끄러울 것입니다. 그들은 굽실거리며 고개를 숙이겠지만 성도들은 흠 없고 부끄럽지 않은 모습으로 나설 것입니다.엡 5:27 머리를 들라 하시는 말씀이 있을 테니 말입니다.눅 21:28

다섯 번째 성분: 죄를 미워함

회개의 다섯 번째 성분은 죄를 미워하는 것입니다. 중세의 신학자들은 미움을 두 가지로 구분했습니다. 역겨움으로서의 미움과 증오로서의 미움입니다.

첫째, 역겨움으로서의 미움이 있습니다. "너희가 너희의……온갖 악과 역겨운 일들 때문에 너희 자신을 미워하게 될 것이다."겔 36:31 참된 회개자는 죄를 미워하는 사람입니다. 육신의 구역질을 유발하는 어떤 것을 싫어할진대 양심의 구토를 일으키는 어떤 것은 더욱 싫어할 것입니다. 죄를 버리는 것보다는 미워하는 것이 더 중요합니다. 폭풍우를 만나 식기와 장신구를 배 밖으로 던져 버리듯, 두려움으로 인해 죄를 버릴 수 있습니다. 하지만 죄를 역겨워하고 미워한다는 것은 그만큼 죄를 혐오한다는 증거입니다. 죄를 미워해야 그리스도를 사랑합니다. 죄를 미워해야 천국을 그리워합니다. 몸에서 피가 흐르는 것을 보고 영혼이 외칩니다. "주님, 제가 언제 이 사망의 몸에서 벗어나겠습니까? 언제 저는 이 더러운 죄악의 옷을 벗어 버리고 머리에 아름답고 영광스러운 관을 쓰겠습니까? 내 한 몸에 대한 이 모든 사랑을 바꾸시어 나를 혐오하고 미워하게 하소서." 하나님 보시기에 우리가 가장 귀한 때는 우리 스스로 문둥병자가 될 때입니다.

둘째, 증오로서의 미움이 있습니다. 살아 있는지 알고자 한다면 움직임을 보는 것이 가장 좋은 방법입니다. 눈이 움직이고 맥

박이 뜁니다. 마찬가지로, 회개하고 있다는 증거를 찾고자 한다면 죄에 대한 거룩한 증오가 있는지 보면 됩니다. 증오는 원한에 이르도록 끓어오르는 분노라고 키케로는 말했습니다. 건전한 회개는 하나님에 대한 사랑으로 시작해서 죄에 대한 증오로 끝납니다.

죄에 대한 진정한 미움은 어떻게 알 수 있습니까?

1. 마음이 죄에 반감을 품고 있습니다

혀를 통해 죄를 비난하는 것을 넘어서서 마음이 죄를 싫어해야 합니다. 그래야 죄가 제아무리 화려해 보여도 우리가 싫어할 수 있는 것입니다. 아무리 훌륭하게 그려졌다 해도 우리가 죽도록 싫어하는 사람의 초상화라면 결국 싫을 수밖에 없는 이치와 같습니다. "나는 그대를 사랑하지 않네, 사비디." 로마 작가 마르티알의 짧은 풍자시 제대로 굽고 양념한 고기요리가 있다 해도 육류를 지독히 싫어하는 사람이라면 결코 그 요리를 맛보지 않을 것입니다. 그러니 악마더러 죄를 잘 굽고 쾌락과 이득으로 양념해서 내놓아 보라고 합시다. 마음 깊은 곳에서부터 죄를 혐오하는 참된 회개자는 그 요리에 역겨움을 느끼며 손도 대지 않을 것입니다.

2. 죄에 대한 미움이 총체적입니다

죄에 대한 진정한 미움은 두 가지 방식으로, 즉 우리의 정신적 기능과 죄라는 대상 자체와 관련하여 총체적입니다.

첫째, 미움은 우리의 정신적 기능과 관련하여 총체적이어야 합니다. 말하자면 생각으로만 죄를 싫어하는 것이 아니라 의지와 감정으로도 죄를 싫어해야 합니다. 많은 이들이 죄를 나쁜 것으로 확신하고, 생각으로 그 죄를 혐오하지만 여전히 죄의 단맛을 즐기고 죄에서 은밀한 만족을 느낍니다. 생각으로는 죄를 싫어하고 감정으로는 죄를 껴안는 것입니다. 하지만 참된 회개에서는 정신적 기능 전반에 걸쳐 죄에 대한 미움이 있으며, 이 경우 지적인 부분은 물론이고 특별히 더 중요한 것이 의지와 관련한 부분입니다. "해서는 안되겠다고 생각하는 일을 하고 있으니."롬 7:15 바울은 죄에서 해방되지 않았지만 그의 의지는 죄에 강력히 저항했습니다.

둘째, 미움은 대상 자체와 관련하여 총체적이어야 합니다. 한 가지 죄를 미워하는 사람은 모든 죄를 미워합니다. 증오는 동일 종 전체를 대상으로 한다고 아리스토텔레스는 말했습니다. 뱀을 싫어하는 사람은 모든 뱀을 싫어합니다. "거짓된 길은 어떤 길이든지 미워합니다."시 119:104 위선자들은 자신들의 신용을 훼손하는 일부 죄를 미워하겠지만, 참된 회개자는 돈벌이가 되는 죄, 기질적인 죄, 죄의 최초의 싹 등을 포함한 모든 죄를 미워합니다. 바울은 죄의 충동을 미워했습니다.롬 7:23

3. 죄에 대한 미움이 모든 형태의 죄를 대상으로 합니다

거룩한 마음이 죄를 싫어하는 까닭은 죄가 근본적인 오염원이기 때문입니다. 죄는 영혼에 얼룩을 남깁니다. 중생한 사람은 죄가 저주를 불러오기 때문에 싫어할 뿐 아니라 전염되기 때문에도 싫어합니다. 그는 이 뱀이 물기 때문에 싫어하고 또한 독이 있으므로 싫어합니다. 그는 죄가 지옥의 원인이므로 싫어하고 아예 지옥이므로 싫어합니다.

4. 죄에 대해 단호합니다

진정한 미움이라면 이제부터 죄와 화해하는 일은 결코 없을 것입니다. 분노는 화해할 수 있을지 모르나 미움은 그럴 수 없습니다. 죄는 두 번 다시 좋게 봐줄 수 없는 아말렉 족속입니다. 하나님의 자녀와 죄의 전쟁은 두 왕이 벌인 전쟁과 같습니다. "르호보암과 여로보암이 살아 있는 동안에 그들 사이에는 늘 전쟁이 있었다."왕상 14:30

5. 우리의 죄뿐 아니라 다른 이들의 죄에도 대항합니다

에베소 교회는 악한 자들을 참고 버려둘 수 없었습니다.계 2:2 바울은 베드로가 비록 사도였지만 그의 이중적인 태도를 강하게 비판했습니다. 그리스도께서는 거룩한 분노로 환전상들을 채찍질하여 성전 밖으로 내쫓았습니다.요 2:15 성전이 그런 거래소로 바뀌는 것을 두고 보실 수 없었던 것입니다. 느헤미야는 돈놀이하는 귀족들느 5:7과 안식일을 더럽히는 귀족들느 13:17을 꾸짖었습니다. 죄를 미워하는 이는 자기 집안에서 벌어지는 악한 일도 참지 아니할 것입니다. "속이는 자는 나의 집에서 살지 못하게 하며."시 101:7 재판관들이 분노하는 데는 기염을 토하면서 악습을 제압하는 데는 의욕을 보이지 않는다면 부끄러운 일입니다. 죄를 적대시하지 않는 사람들은 회개의 문외한들입니다. 그들 안에 죄가 뱀의 몸속에 독이 있는 것처럼 있습니다. 뱀에게는 이 독이 자연스러운 것이니 즐거움을 선사합니다.

∴

죄를 미워하지 않고 오히려 사랑하는 자들은 회개에서 얼마나 멀리 있는지 모릅니다! 거룩한 이들에게 죄는 눈엣가시 같은 것이요, 악한 자들에게는 머리에 쓰는 관과 같은 것입니다. "나의 사랑하는 자가 많은 악한 음모를 꾸미더니……그때에 네가 기뻐하겠느냐."렘 11:15, 개역개정 죄를 범하는 것보다 죄를 사랑하는 것이 더 악합니다. 선한 사람이라도 부지중에 죄를 저지를 수 있지만, 죄를 사랑하면 어떻게 해볼 도리가 없습니다. 구정물 속에서 구르기를 사랑하니 돼지일 수밖에 없지 않겠습니까? 하나님께 대적하기를 사랑하니 마귀일 수밖에 없지 않겠습니까? 죄를 사랑한다는 것은 죄에 대한 의지가 있다는 뜻이며, 죄에 대한 의지가 클수록 그 죄 또한 커집니다. 의도적인 죄는 속죄제로도 씻어낼 수 없습니다.히 10:26

금단의 열매를 사랑하는 사람들이 얼마나 많은지 모릅니다! 그들은 욕설과 음행을 사랑합니다. 죄를 사랑하고 질책을 미워합니다. 솔로몬이 한 세대의 사람들을 이야기합니다. "사람들은 마음에 사악과 광증을 품고 살다가."전 9:3 그렇게 사람들이 죄를 사랑하고 제 죽음이 될 것을 껴안으며 저주를 붙들고 희롱하니 마음에 광증이 있는 것입니다.

그러므로 우리는 죄를 지독하게 미워함으로써 우리의 회개를 보여야 합니다. 전갈과 악어는 서로 죽도록 미워합니다. 우리의 마음과 죄 사이에도 그러한 미움이 있어야 합니다.

질문 죄의 어떤 면 때문에 회개자가 죄를 미워해야 합니까?
대답 죄는 저주스러운 것이며 더할 수 없이 흉측한 괴물입니다. 바울은 대단히 강경한 어조로 이 죄를 표현합니다. "죄를 극도로 죄답게 되게 하려는 것이었습니다"(혹은 그리스어의 뜻 그대로, "죄가 엄청나게 악한 것이 되게 하려는 것이었습니다").롬 7:13 죄가 엄청난 악독이며 미움을 받아 마땅하다는 점은 우리가 다음의 네 관점에서 죄를 바라보면 드러날 것입니다.

첫째, 죄가 어디서 처음 나왔는지 그 기원을 봅시다. 죄는 지옥에서 유래합니다. "죄를 짓는 사람은 악마에게 속해 있습니다. 악마는 처음부터 죄를 짓는 자이기 때문입니다."요일 3:8 죄는 악마의 고유 업무입니다. 물론 하나님께서 이것이 죄다 저것이 죄다 하고 죄를 정하는 일에 관여하시는 것은 맞습니다만, 그 죄의 실행에 관여하는 자는 사탄입니다. 악마의 전문적인 일을, 사실상 사람을 악마로 만드는 그 일을 우리가 한다는 것이 얼마나 증오스럽습니까?

둘째, 죄를 그 본질 면에서 보면 그것이 얼마나 증오스러운지 알 것입니다. 성경이 죄를 어떻게 기록하고 있는지 봅시다. 죄는 하나님을 욕되게 하는 것입니다.롬 2:23 하나님을 경멸하고,삼상 2:30 하나님을 분노하게 하며,겔 16:43 하나님을 지치게 하는사7:13 것입니다. 그리고 하나님의 마음을 상하게 하는 것입니다. 사랑하는 남편이 아내의 부정에 마음이 상함과 같습니다. "그들이 음란한 마음으로 내게서 떠나갔고 음욕을 품은 눈으로 그들의 우상들을 따라가서 내 마음을 상하게 하였으므로."겔6:9 무엇보다 극악무도한 죄는 그리스도를 다시 십자가에 못 박아 공개적으로 모욕하는 것입니다.히6:6 다시 말하자면, 무도한 죄인들은 성도들 안에 계신 그리스도를 찌르는데, 만일 그분께서 오늘 이 땅에 계신다면 그들은 또 다시 그분을 직접 십자가에 못 박을 것입니다. 이 혐오스러운 죄의 본질을 보십시오.

셋째, 죄를 그 비교대상과 함께 보면 끔찍한 모습이 드러날 것입니다. 죄를 고통 및 지옥과 비교해 봅시다. 이 둘보다 죄가 더 나쁩니다. 우선 죄는 질병, 가난, 죽음과 같은 고통보다 나쁩니다. 고통의 바다에 들어 있는 악보다 죄 한 방울에 들어 있는 악이 더 많습니다. 고통의 원인은 죄이고, 원인은 결과보다 중하기 때문입니다. 하나님의 정의의 검은 죄가 칼을 빼어 들 때까지는 칼집 안에서 잠잠합니다. 고통은 우리에게 유익합니다. "고난을 당한 것이 내게는 오히려 유익하게 되었습니다."시119:71 고통은 회개를 이끌어 냅니다.대하33:12 독사는 두드려 맞으면 독을 뱉어 냅니다. 그처럼 하나님의 회초리로 맞을 때 우리는 죄의 독을 뱉습니다. 고통은 우리의 은혜를 더욱 귀하게 합니다. 금의 순도가 가장 높아지고 로뎀나무의 향기가 가장 짙어지는 것은 불 속에 있을 때입니다. 고통은 저주를 막아 줍니다.^고전 11:32 그러므로 모리스 황제는 죽은 뒤에 벌받지 않도록 이 세상에 있을 때 자신을 벌해 달라고 하나님께 기도했습니다. 이처럼 고통은 여러 면에서 우리에게 유익하지만 죄는 전혀 좋은 것이 없습니다. 므낫세는 고통으로 인해 겸손해졌지만, 유다는 죄로 인해 절망으로 떨어졌습니다.

고통은 육신에 작용할 뿐이지만 죄는 거기서 더 나아가, 마음을 더럽히고 감정을 흩뜨려 놓습니다. 고통은 개선하지만 죄는 파괴합니다. 고통은 목숨을 빼앗을 뿐이지만 죄는 영혼을 앗아 갑니다.^눅 12:20 고통에 시달린다 해도 양심은 평화로울 수 있습니다. 방주가 파도에 흔들려도 노아는 그 안에서 노래할 수 있었습니다. 육신이 고통스럽고 뒤흔들려도 그리스도인은 "가슴으로 주님께 노래하며 찬송"할 수 있습니다.^엡 5:19 하지만 사람이 죄를 범하면 양심이 끔찍스럽게 무서워합니다. 이 점은 스피라* 같은 사람을 보면 알 수 있습니다. 믿음을 철회하면서 그는, 자신이 그동안 내적으로 겪은 고통은 지옥에 떨어진 자들도 알지 못하리라는 말을 했습니다.

사람은 고통 속에서 하나님의 사랑을 얻을 수 있습니다.^계 3:19 누가 어떤 사람에게 돈 자루를 던져 주다가 상대방에게 가벼운 상처를 냈습니다. 돈 자루 받은 사람이 그것을 불쾌하게

- 16세기 종교개혁 시대에 베니스 근방에서 살았던 저명한 법률가. 그는 로마 가톨릭에서 돌이켜 개신교 믿음을 받아들였지만, 후일 다시 배교하고 1548년에 절망 속에서 죽었다. 그의 책 『생애』가 1550년 제네바에서 출판되었고, 이 책에 존 칼빈이 서문을 덧붙였다. 존 번연은 스피라의 이 행적에 대단히 깊은 인상을 받았다. 『천로역정』에 등장하는 해석자의 집의 철창 속 남자는 바로 이 스피라를 그린 것임이 분명하다.

여기겠습니까? 당연히 사랑의 열매로 받아들일 것입니다. 그러므로 하나님께서 우리에게 고통을 주시며 상처를 입히신다면 그것은 황금의 은혜와 그분 성령의 위로로 우리를 부요하게 하시기 위함입니다. 모든 것이 사랑에서 비롯됩니다. 하지만 우리가 죄를 지으면 하나님께서는 그 사랑을 거두십니다. 다윗이 죄를 짓고 느낀 것은 하나님의 노여움뿐이었습니다. "구름과 흑암이 그를 둘러쌌다."[시 97:2] 다윗은 그것을 알았습니다. 무지개도 햇빛도 볼 수 없었고, 하나님의 얼굴 주위로 보이는 것은 구름과 흑암뿐이었습니다.

죄가 고통보다 악함은 명백한데, 하나님께서 이 세상에 있는 사람들에게 내리시는 가장 큰 심판이 바로 마음껏 죄를 짓도록 방치하시는 것이므로 그렇습니다. 주님의 노여움이 사람을 향해 불같이 끓어오를 때 그분께서는, 내가 칼과 재앙으로 너를 사정없이 치겠다고 하시지 않고 제 마음대로 죄를 짓게 내버려 두겠다고 말씀하십니다. "그래서 나는 그들의 고집대로 버려두고 그들이 원하는 대로 가게 하였다."[시 81:12] 이처럼 사람을 그 죄에 넘겨줌이 (그분 자신의 판단으로는) 가장 무거운 형벌일진대, 죄가 고통보다 훨씬 더 악함은 당연합니다. 그리고 사정이 이러하다면 우리로서는 당연히 그 죄를 미워할 수밖에 없습니다!

이제 죄를 지옥과 비교해 봅시다. 역시 죄가 더 나쁨을 알 것입니다. 지옥 하면 무엇보다 극렬한 고통이 우선이겠지만, 거기서도 죄보다 나쁜 것은 없습니다. 지옥은 하나님께서 만드신 것이지만 죄는 결코 그분의 작품이 아닙니다. 죄는 마귀의 피조물입니다. 지옥의 고통은 죄인에게만 짐이지만 죄는 하나님에게도 짐입니다. 지옥의 고통에도 뭔가 좋은 점이 있습니다. 말하자면 하나님의 정의가 실현된다는 것입니다. 이처럼 지옥에서도 정의가 발견될 수 있지만 죄는 최악의 불의일 뿐입니다. 하나님에게서는 그분의 영광을, 그리스도에게서는 그분의 속량을, 영혼에게서는 그의 행복을 강탈해 가는 것이 바로 죄입니다. 고통과 지옥보다 악한 이 죄가 과연 가장 증오스러운 것이 아닌지 판단해 봅시다.

넷째, 죄를 그 발생과 결과라는 면에서 바라봅시다. 역시 혐오스러울 것입니다. 죄는 육신에 미칩니다. 죄는 육신을 온갖 비참과 불행에 노출시켰습니다. 우리는 울면서 이 세상에 왔다가 신음하며 저세상으로 갑니다. 헤로도토스가 우리에게 전해주는바, 트라키아인들은 자식이 태어난 날에 울었습니다. 자식이 세상에 와서 짊어질 고통을 생각하며 울었다는 것입니다. 죄는 온갖 불행이 군대처럼 몰려나오는 트로이 목마입니다. 거의 모든 사람들이 느끼는 것이므로 내가 일일이 그러한 불행을 거명할 필요는 없습니다. 우리는 꿀을 빨다가 가시나무에 찔립니다. 죄는 우리의 안락의 포도주에 들어온 찌꺼기입니다. 죄는 우리의 무덤을 팝니다.^{롬 5:12}

죄는 영혼에 미칩니다. 죄로 인해 우리는 우리의 고결과 위엄의 근본이었던 하나님의 모습을 잃어버렸습니다. 태곳적의 영광으로 둘러싸였던 아담은 왕의 문장을 착용하고 오는 특사 같았습니다. 그에게 왕의 문장이 있었으므로 모두가 그를 공경했지만, 이제 이 문장이 벗겨지니 누구도 그에게 경의를 표하지 않습니다. 죄가 우리에게 이런 치욕을 안겼습니다. 우리의 정결한 옷을 벗겨 냈습니다. 하지만 그것이 다는 아닙니다. 쇠미늘 달린 이 죄의 화살은 더욱 깊이 박힐 것입니다. 우리를 하나님으로부터 갈라놓아, 앞에 서면 기쁨이 넘치는 그분의 아름다우신 모습을 영원히 못 보게 할 수도 있습니다. 죄가 그토록 악한 것일진대 우리는 마땅히 격분해야 합니다. 암논이 애초에 다말을 사랑했던 마음보다 그 후의 미움이 훨씬 컸듯이,^{삼하 13:15} 우리 또한 애초에 죄를 사랑했던 마음보다 그 후의 미움이 헤아릴 수 없을 만큼 커야 합니다.

여섯 번째 성분: 죄에서 돌아섬

회개의 여섯 번째 성분은 죄에서 돌아서는 것입니다. 마지막으로, 회개를 뒤에서 떠받치는 개혁이 남았습니다. 울어서 죄를 내보내지 못한다면 니오베*처럼 돌이 되도록 운들 무슨 소용입니까? 참된 회개는 질산처럼 죄의 사슬을 부식시켜 동강 냅니다. 그러므로 울고 돌아서는 이 두 행위는 하나가 됩니다.^{욜 2:12} 슬픔의 구름이 눈물로 쏟아져 내린 후에야 영혼의 하늘은 맑게 갭니

---

* 16세기 고대 테베의 한 왕의 아내인데, 그리스 전설에 따르면 열두 자식을 자랑하다 졸지에 자식을 모두 잃고 말았다. 그녀는 이를 비통해하다가 돌이 되었고, 이 돌에서는 여름에 눈물이 흐른다고 한다.

다. "너희는 회개하여라. 너희의 우상들에게서 돌아서라. 너희의 모든 역겨운 것에서 얼굴을 돌려라."겔 14:6 죄에서 돌아선다는 것은 죄를 버리는 것이라고 합니다.사 55:7 도둑이나 무당과 한 패로 있던 사람이 그들을 버리고 떠남과 같습니다. 죄에서 돌아선다는 것은 또 죄를 멀리 집어던지는 것이라고 합니다.욥 11:14, 개역개정 바울이 뱀을 불 속에 던져 넣은 것과 같습니다.행 28:5 죄에 대하여 죽는 것이 회개의 생명입니다. 그리스도인은 죄에서 돌아서는 바로 그날, 스스로에게 영구적인 단절을 선언해야 합니다. 두 눈은 이제 은밀히 쳐다보던 더러운 것들과 단절해야 합니다. 두 귀는 그동안 열심히 들어온 험담이며 비방과 단절해야 합니다. 혀는 욕설과 단절해야 합니다. 두 손은 뇌물과 단절해야 합니다. 두 발은 창부에게 가던 길과 단절해야 합니다. 그리고 영혼은 악을 사랑하는 일과 단절해야 합니다. 이처럼 죄에서 돌아선다 함은 눈에 띄는 변화가 있다는 뜻입니다.

이제 마음에서 변화가 일어납니다. 부싯돌처럼 단단한 마음이 살처럼 부드러워집니다. 사탄은 그리스도에게 돌들을 빵으로 만들어 당신의 신성을 증명해 보라고 했습니다. 그리스도께서는 돌로 빵을 만드는 것보다 훨씬 더 큰 기적을 이루셨으니, 곧 돌덩이를 살로 바꾸신 것입니다. 그분께서는 회개를 통하여 돌덩이 같은 마음을 살과 같이 바꾸십니다.

이제 삶에서 변화가 일어납니다. 죄에서 돌아서는 이 행위는 대단히 가시적이므로 다른 이들이 모두 알아차릴 수 있습니다. 그러므로 어둠에서 빛으로의 변화라고 합니다.엡 5:8 바울이 하늘의 환상을 본 후 어찌나 급격하게 돌아섰던지 사람들 모두가 그 변화에 놀랐습니다.^{행 9:21} 회개는 간수를 간호자요 의사로 바꾸었습니다.^{행 16:33} 그는 사도들을 데려다가 상처를 씻기고 음식을 대접했습니다. 배가 동쪽으로 가는데 갑자기 바람이 불어 그 배를 서쪽으로 돌려놓습니다. 마찬가지로, 한 사람이 지옥으로 가던 중이었는데 돌연히 성령의 역풍이 불어 진로가 바뀌니, 그는 이제 천국으로 항해하게 되었습니다. 크리소스토무스가 니느웨의 회개를 이야기하면서 한 말이 있습니다. 니느웨의 타락을 보았던 나그네가 회개한 이후의 니느웨에 어쩌다 다시 들어가는 일이 있었다면 아마 그 성읍을 같은 니느웨로 믿기 어려웠을 것이라고 말입니다. 니느웨가 그 정도로 현격하게 변화하고 개혁되었기 때문이라는 것입니다. 회개는 한 사람에게서 그토록 눈에 띄는 변화를 만들어 냅니다. 육신은 같은데 전혀 다른 정신이 새로 들어와 살기라도 하는 것 같습니다.

죄에서 돌아서는 이 일이 올바로 이루어지려면 다음의 몇 가지 사항이 필수적입니다.

1. 마음이 죄에서 돌아서야 합니다

살아 있다는 것은 무엇보다 마음이 살아 있다는 것이니 마음이 가장 먼저 돌아서야 합니다. 악마가 가장 공들여 얻으려는 것이 바로 이 마음입니다. 마귀는 모세의 시신을 차지하려 할 때도 사람의 마음을 빼앗으려 할 때만큼 기를 쓰고 다투지는 않았습니다. 신앙은 마음이 전부입니다. 마음이 죄에서 돌아서지 않으면 거짓과 다를 바 없습니다. "배신한 자매 유다는 거짓으로 [혹은 히브리어가 밝히는바, "거짓으로"] 나에게 돌아온 척만 하고 진심으로 돌아오지는 않았다."렘 3:10 유다는 개혁하는 체했습니다. 사실 유다는 다른 열 개 지파보다 심각하게 우상을 숭배하지는 않았습니다. 하지만 이스라엘보다는 악했습니다. 그래서 "배신한 유다"라고 합니다. 유다는 개혁을 가장했지만 진실하지 않았습니다. 유다의 마음은 하나님을 향하지 않았으니 온 마음을 다해 돌아서지 않았던 것입니다.

마음이 여전히 죄와 동맹관계에 있는데 그 죄에서 돌아서는 척하는 것은 정말 혐오스러운 일입니다. 나는 우리 영국의 한 왕의 이야기를 읽어 알고 있습니다. 그는 세례를 받은 왕이었지만 한 교회 안에 그리스도교 제단과 이교도 제단을 같이 두었습니다. 하나님께서는 죄에서 돌아선 진실한 마음만을 받으실 것입니다. 참된 회개는 별도의 후원자나 우상을 두지 않습니다.

2. 모든 죄에서 돌아서야 합니다

"악한 자는 그 길을 버리고."사 55:7 참된 회개자는 죄의 길에서 돌아섭니다. 모든 죄를 버리는 것입니다. 예후가 바알의 사제들을 남김없이 도륙하려 했듯이왕하 10:24 참된 회개자는 모든 정욕을 멸절하고자 합니다. 그는 죄 하나를 허락하는 것이 얼마나 위험한지 알고 있습니다. 집 안에 반역자 하나를 숨겨 주는 자 역시 왕권에 대한 반역자이듯, 죄 하나를 받아 주는 자 또한 반역한 위선자입니다.

3. 영적인 터전 위에 서서 돌아서야 합니다

죄의 행위를 억제했다 해서 올바른 방식으로 돌아섰다고 할 수는 없습니다. 죄의 행위는 어떤 두려움이나 속셈으로 인해 억제될 수 있습니다. 하지만 참된 회개자는 신앙적 원리, 말하자면 하나님에 대한 사랑으로 죄에서 돌아섭니다. 비록 자신의 죄에서 그토록 쓴 열매가 열리지는 않는다 해도, 이 죄의 나무에서 죽음이 자라날 정도는 아니라 해도, 은혜로운 영혼은 하나님에 대한 사랑으로 그 죄를 버릴 것입니다. 이것이 가장 올바른 방식으로 죄에서 돌아서는 것입니다. 서로 얼어붙고 응고된 것들을 떼어 내는 가장 좋은 방법은 불을 이용하는 것입니다. 사람과 죄가 함께 응고될 경우, 사랑의 불을 이용해서 떼어 냄이 최선입니다. 세 사람이 어떻게 해서 죄를 떠나게 되었느냐고 서로 묻습니다. 하나가 말합니다. "나는 천국의 기쁨 때문에 죄를 떠났다." 또 하나가 말합니다. "나는 지옥의 고통이 무서워서 떠났다." 하지만 셋째 사람은 이렇게 대답합니다. "나는 하나님에 대한 사랑으로 떠났다. 내 어찌 사랑의 하나님께 범죄할 수 있겠는가?"

4. 죄에서 돌아서되 하나님께로 돌아서야 합니다

성경에 이처럼 나와 있습니다. "회개하고 하나님께로 돌아와서."[행 26:20] 죄에서 돌아서는 것은 상처에서 화살을 뽑아냄과 같으며, 하나님께로 돌아서는 것은 그 상처에 치유의 기름을 쏟아부음과 같습니다. 성경은 우리에게 죽은 행실에서 벗어나는 회개와[히 6:1] 하나님께 돌아오는 회개를[행 20:21] 이야기합니다. 건전하지 못한 마음은 옛 죄를 떠난 듯 가장하지만, 하나님께로 돌아서거나 그분의 일을 감당하려 하지 않습니다. 마귀의 병영을 떠나는 것만으로는 충분하지 않습니다. 우리는 그리스도의 기치 아래 모여 그분의 제복을 입어야 합니다. 회개한 탕자는 매춘부를 떠났을 뿐 아니라 분연히 일어서서 자신의 아버지에게 갔습니다. 하나님께서 이렇게 분노하셨습니다. "그들은 돌아오나 높으신 자에게로 돌아오지 아니하니."호 7:16, 개역개정 참되게 회개하는 마음은 나침반이 북극을 가리키듯 정확히 하나님을 향해 있습니다.

5. 다시 죄로 돌아가지 않아야 합니다

"에브라임이 고백할 것이다. '나는 이제 우상들과 아무 상관이 없습니다.'"호 14:8 죄를 떠난다 함은 고향을 떠나 등지고 두 번 다시 돌아가지 않음과 같습니다. 회개하고 죄에서 돌아선 듯 보이는 사람들이 있었습니다만 그들은 다시 죄로 돌아가고 말았습니다. 이는 망령된 데로 돌아가는 것입니다.시 85:8 다시 죄로 돌아가는 것은 무서운 죄인데, 무엇보다 그것은 명백한 빛을 거스르는 죄이기 때문입니다. 일단 죄에서 떠난 사람은 양심의 가책으로 죄의 쓴 맛을 보았다고 할 수 있습니다. 그런 그가 다시 죄로 돌아가고 말았습니다. 따라서 그는 성령의 빛을 거슬러 죄를 짓고 있는 것입니다.

그처럼 죄로 돌아감은 하나님께 허물을 돌리는 행위입니다. "너희의 조상이 나에게서 무슨 허물을 발견하였기에 나에게서 멀리 떠나가서."렘 2:5 죄로 돌아가는 자는 암암리에 하나님을 탓합니다. 남자가 아내를 버린다면 뭔가 아내가 저지른 잘못을 알고 있다는 뜻입니다. 하나님을 버리고 죄로 돌아간다면 은근히 하나님을 비방하는 것으로 볼 수 있습니다. "이혼하는 것을"말 2:16 싫어하시는 하나님께서는 당신 자신이 버림받는 일 또한 싫어하십니다.

다시 죄로 돌아가면 사람을 구속하는 마귀의 능력이 이전보다 훨씬 강해집니다. 사람이 죄에서 돌아서면 일단 마귀는 그에게서 쫓겨난 것으로 볼 수 있습니다. 하지만 그 사람이 죄로 돌아갈 경우 마귀는 다시 그의 집으로 들어가 완전히 자리를 잡고 사는데, 그러면 "그 사람의 나중 형편이 처음보다 더 비참하게" 됩니다.마 12:45 탈옥한 죄수가 다시 붙잡히게 되면 간수는 그를 한층 더 튼튼한 쇠사슬로 묶어 둘 것입니다. 죄의 행로를 벗어난 사람은 말하자면 악마의 감옥에서 탈옥한 것이지만, 사탄이 그를 다시 잡아 죄 안에 가둔다면 이전보다 더욱 단단히 그를 묶어 두고 온전히 구속할 것입니다. 부디 이 점에 유의합시다! 죄에서 진정으로 돌아선다는 것은 죄와 완벽히 결별하고 그 근처에는 얼씬도 하지 않음을 말합니다. 그러므로 죄에서 돌아서는 이는 누구든 복된 사람입니다. "하나님께서 여러분 한 사람 한 사람을 악에서 돌아서게 하셔서 여러분에게 복을 내려 주시려고 먼저 자기의 종을 일으켜 세우시고 그를 여러분에게 보내셨습니다."행 3:26

적용 1 죄에서 돌아서는 것은 회개에 필요한 성분입니까? 그럴진대 지금은 참된 회개를 찾아보기가 어렵습니다. 사람들은 죄에서 돌아서지 않고 있습니다. 과거나 지금이나 변함이 없습니다. 예전에도 교만했고 지금도 교만합니다. 그들은 노아의 방주에 있던 짐승들처럼 부정한 채로 방주에 들어왔다가 부정한 채로 나갑니다. 사람들은 부정한 채로 복음의 규례에 임했다가 부정한 채로 떠나갑니다. 세상의 외형은 너무나 많이 변했지만 내면의 변화는 없습니다. "그런데도 이 백성은 그들을 치신 분에게로 돌아오지 않았고."^{사 9:13} 돌아오지 않는 그들이 어떻게 회개한다고 말할 수 있습니까? 그들의 이마에 여전히 나병이 있는데 요단 물에 가서 씻었단 말입니까? 개혁되지 않은 이들에게 하나님께서 옛적 에브라임에게 말씀하신 것처럼 말씀하시지 않겠습니까? "에브라임은 우상들과 한 패가 되었으니 그대로 버려두어라."^{호 4:17} 마찬가지로, 여기에 술취함이며 더러움과 한 패 된 자가 있으니 그대로 둡시다. 제멋대로 죄짓게 둡시다. 하지만 하늘에 정의가 있든가 지옥에 응보가 있다면, 그는 결단코 처벌을 면치 못할 것입니다.

적용 2 이 여섯 번째 성분에 비추어 보건대, 반만 돌아선 자들 역시 비난받아 마땅합니다. 반만 돌아선 자들은 어떤 사람들입니까? 생각으로는 돌아서되 행동으로는 돌아서지 않은 사람들입니다. 그들은 죄가 토성*처럼 나쁜 기운과 영향력을 가지고 있음을 결국 인정하고 따라서 죄로 인해 울기도 하겠지만, 죄에 너무 깊이 현혹당해서 죄를 버릴 만한 능력이 없습니다. 그들의 죄가 그들의 확신보다 강합니다. 그래서 이들은 반만 돌아선, "거의 그리스도인이 될 뻔한" 사람들입니다.행 26:28 그들은 뒤집지 않고 구워서 한쪽만 익은 빵, 곧 에브라임과 같습니다.호 7:8 큰 죄에서는 돌아섰지만 근본적으로 은혜가 없는 사람들 역시 반만 돌아선 자들입니다. 그들은 그리스도를 귀하게 여기지도 거룩을 사랑하지도 않습니다. 이러한 태도는 도덕주의자들에게서 볼 수 있으니, 이들은 요나와 같은 사람들입니다. 요나는 박 넝쿨로 햇볕을 가리며 스스로 안전하리라 여겼지만, 곧 벌레가 생겨나 넝쿨을 모조리 쏠아 버렸습니다. 이처럼 사람들은 큰 죄에서 돌아서며 자신들의 도덕성이 하나님의 진노를 가려 주는 박 넝쿨이 되리라 생각하지만, 죽을 때가 되면 양심을 갉아먹는 벌레가 슬어 이 박 넝쿨을 쏠아 버립니다. 그들은 결국 낙심하고 절망에 빠질 수밖에 없습니다. 많은 죄에서 돌아섰지만 어떤 특정한 죄에서는 돌아서지 않은 사람들 역시 반만 돌아선 자들입니다. 그들의 가슴 안쪽에는 내보내고 싶지 않은 매춘부가 있습니다. 여러 가지 질병을 치료했지만 가슴에 치명적인 암이 있어서 그것으로 죽는 경우와 같습니다. 돌아서나마나 하게 돌아선 자들 역시 비난받아 마땅합니다. 이들은 악마 하나를 쫓아내고 다른 악마를

• 세속의 점성술사들은 행성들이 인간의 삶에 좋든 나쁘든 영향을 끼친다고 오랫동안 믿어 왔다. 토성은 인간에게 해로운 영향을 끼치는 것으로 여겨졌고, 따라서 음침하고 우울하다는 뜻의 형용사 "saturnine"이 여기서 나왔다.

받아들입니다. 욕설에서 비방으로, 사치에서 탐욕으로 돌아서는 자들입니다. 사흘마다 열병을 앓는 환자가 나흘마다 앓게 되는 경우와 같습니다. 이처럼 돌아서나마나 하게 돌아서다가는 결국 지옥으로 돌아서고 말 것입니다.

적용 3 죄에서 하나님께 돌아섬으로 우리가 회개하는 자임을 보입시다. 내가 아무리 설득하려 해도 희망이 안 보이는 사람들이 있습니다. 그들 앞에서 터져 나가도록 말씀의 나팔을 불어 봅시다. 그들을 향해 경고의 열변을 있는 대로 토해 봅시다. 그들의 얼굴에 지옥의 불꽃을 퍼부어 봅시다. 그들은 여전히 죄를 붙들고 노닥거릴 것입니다. 복음서에도 나오듯, 그들은 악마가 미친 듯이 바다 속으로 몰아가는 돼지 떼 같습니다. 그들은 돌아서느니 저주를 택할 것입니다. "거짓된 것에 사로잡혀서 돌아오기를 거절하느냐?"렘 8:5 하지만 일말의 진실성이나 진지함이 있다면, 양심이 아주 마비되지 않았다면 부디 마술사의 홀리는 소리를 듣고 우리의 최고선이신 하나님께 돌아섭시다.시 58:5 하나님께서는 당신께 돌아서라고 우리에게 얼마나 빈번히 요청하십니까? 그분께서 맹세하십니다. "내가 내 삶을 두고 맹세한다. 나는 악인이 죽는 것을 기뻐하지 않고 오히려 악인이 그의 길에서 돌이켜 떠나 사는 것을 기뻐한다. 너희는 돌이켜라. 너희는 그 악한 길에서 돌이켜 떠나거라."겔 33:11 하나님께서는 우리의 피보다는 회개의 눈물을 원하십니다. 하나님께 돌아서면 우리에게 유익입니다. 우리의 회개는 하나님이 아니라 우리에게 유익합니다. 샘물을 마셔서 이익을 얻는 쪽은 우리 자신이지 샘물이 아닙니다. 일광욕을 함으로써 원기를 보충하는 쪽은 우리일 뿐 해 자체는 특별히 기운 날 것이 없습니다. 우리가 죄에서 돌이켜 하나님께로 간다 해서 그분께 이득이 되지는 않습니다. 이득을 보는 쪽은 우리 자신일 뿐입니다. 이 경우는 우리가 이기심을 좀 앞세워야 합니다. "네가 지혜로우면 그 지혜가 네게 유익하지만."잠9:12 우리가 하나님께로 돌아서면 그분께서도 우리에게 돌아서십니다. 우리를 향한 분노를 거두시고 당신의 얼굴을 우리에게 돌리실 것입니다. 다윗이 이처럼 기도했습니다. "내게로 얼굴을 돌려주시고 내게 은혜를 베풀어 주십시오."시86:16 우리가 돌아섬으로 하나님께서 돌아서실 것입니다. "너희는 나에게로 돌아오너라. 만군의 주가 말한다. 나도 너희에게로 돌아간다."슥1:3 원수 되었던 분이 이제 우리의 친구가 됩니다. 하나님께서 우리에게 돌아오시면 천사들도 우리에게 돌아옵니다. 우리는 그들의 보호를 받을 것입니다.시91:11 하나님께서 우리에게 돌아오시면 모든 것이 우리에게 유익한 쪽으로 돌아서니, 은혜도 유익이요 고통도 유익입니다. 우리는 마침내 회초리 끝에서 꿀을 맛보게 됩니다.

여기까지 회개의 몇 가지 성분을 알아보았습니다.

chapter **05.**

회개를 강권하는 이유와 경고

이어서 회개를 강권하는 이유로 넘어갑니다.

1. 하나님의 주권적인 명령입니다

"하나님께서는……어디에서나 모든 사람에게 회개하라고 명하십니다."^{행 17:30} 회개는 내 뜻대로 하고 말고 하는 것이 아닙니다. 우리가 회개를 하느냐 마느냐 하는 문제는 우리의 선택에 달려 있지 않습니다. 그것은 피할 수 없는 명령입니다. 하나님께서 하늘의 대법정에서 법을 제정하셨으니, 회개하는 죄인 외에는 그 어떠한 죄인도 구원받을 수 없다는 것입니다. 그분께서는 스스로 정하신 이 법을 결코 파기하지 않을 것입니다. 모든 천사들이 하나님 앞에 서서, 회개하지 않는 자들을 살려 달라 호소해도 그분께서는 결코 허락지 않을 것입니다. "주, 나 주는 자비롭고 은혜로우며 노하기를 더디 하고 한결같은 사랑과 진실이 풍성한 하나님이다. 수 천대에 이르기까지 한결같은 사랑을 베풀며 악과 허물과 죄를 용서하는 하나님이다. 그러나 나는 죄를 벌하지 않은 채 그냥 넘기지는 아니한다."출 34:6-7 하나님께서는 햇빛보다 충만한 자비를 가지신 분이지만 죄인이 계속 범죄하는 한 결코 그를 용서하지 않을 것입니다. "나는 죄를 벌하지 않은 채 그냥 넘기지는 아니한다!"

2. 하나님의 흠 없는 본성이
회개하지 않는 죄인과의 사귐을 거부합니다

죄인이 회개하기 전까지는 하나님과 죄인은 친구가 될 수 없습니다. "너희는 씻어라. 스스로 정결하게 하여라."사 1:16 가서, 회개의 짠물에 몸을 담그십시오. 그러면 하나님께서 말씀하십니다. "내 너와 이야기하겠다. 오너라! 우리가 서로 변론하자.사 1:18 그러나 네가 회개하지 않았다면 내게 가까이 오지 말라." "빛과 어둠이 어떻게 사귈 수 있겠습니까?"고후 6:14 의로우신 하나님께서 여전히 범죄하는 자를 어찌 받아 주실 수 있겠습니까? "나는 악인을 의롭다고 하지 않기 때문이다."출 23:7 하나님께서 회개하지 않는 죄인과 화해하신다면, 그 죄인이 행한 모든 일을 좋아하시고 인정하시는 것으로 봐야 할 것입니다. 이는 당신의 신성을 스스로 위배하시는 일이 될 것입니다. 반역하고 있는 죄인을 용서하심은 하나님의 거룩한 본성과 일치하지 않습니다.

3. 회개를 거부하는 죄인들은 그리스도의 사명과 무관합니다

그분의 사명을 봅시다. "주 하나님의 영이 나에게 임하셨다. 주님께서 나를 보내셔서 가난한 사람들에게 기쁜 소식을 전하고 상한 마음을 싸매어 주고."사61:1-2 그리스도는 영도자요 구주이시지만, 사람들이 회개하건 말건 무턱대고 그들을 구원하러 오신 것은 아닙니다. 설사 그들을 천국으로 데려가신다 해도 반드시 회개의 문을 통해서야 데려가실 것입니다. "하나님께서는 이분을 높이시어 자기 오른쪽에 앉히시고, 영도자와 구주로 삼으셔서 이스라엘이 회개를 하고 죄 사함을 받게 하셨습니다."행5:31 반역자들이 잘못을 뉘우치고 자비를 호소한다면 용서하되 여전히 버티며 반항한다면 결코 용서하지 않는 왕의 경우와 같습니다.

4. 우리는 죄로 인해 하나님께 해를 끼쳤습니다

죄에는 우리가 회개로 갚아야 할 차액이 엄청나게 많습니다. 우리는 죄를 지어 하나님께 해를 끼쳤습니다. 우리는 그분의 영광을 가렸습니다. 우리는 그분의 법을 침해했고 따라서 배상해야 마땅합니다. 우리는 회개함으로써 죄와 관련하여 우리 자신을 낮추고 심판해야 합니다. 우리는 하나님께서 우리를 멸하실지라도 그분의 의로우심을 인정하며, 따라서 하나님께 영광을 돌리고 그분의 명예를 되찾아 드리기 위해 할 수 있는 모든 일을 해야 합니다.

하나님께서 회개하지 않는 사람을 구원하시고 아무런 차별도 두시지 않는다면 이 원칙에 의해 모든 사람을 구원하셔야 하며,

일찍이 오리게네스가 생각했듯, 사람뿐 아니라 마귀들까지 구원하셔야 합니다. 결과적으로 선택과 영벌의 칙령은 땅에 떨어질 것입니다. 이것이 우리의 거룩한 문서와 얼마나 반대되는 지점에 있는지 모두들 판단해 봅시다.

∴

다른 이들보다 회개하기 어려운 두 종류의 사람들이 있습니다.

첫째, 오랫동안 하나님의 규례와 말씀을 들었으나 발전이 없는 사람들입니다. 땅이 빗물을 흡수하고도 "가시덤불과 엉겅퀴를 내면 그 땅은 쓸모가 없어지고 저주를 받아서 마침내는 불에 타고 말 것입니다."히 6:8 오래도록 불에 달궈도 녹거나 제련되지 않는 금속은 희망이 없습니다. 하나님께서 거듭거듭 목회자들을 보내시어 죄에서 떠나라고 그토록 가르치고 설득하셨건만, 사람들은 여전히 가라앉은 술 찌꺼기처럼 형식주의에 안주하여, 설교를 들으며 잠을 자기까지 합니다. 그들이 회개에 이르기는 어려울 것입니다. 그들은 마땅히 그리스도께서 이전에 무화과나무에게 말씀하신 것처럼 자기들에게 말씀하실까 두려워해야 합니다. "이제부터 너는 영원히 열매를 맺지 못할 것이다!"마 21:19

둘째, 말씀의 판결과 양심의 억제와 성령의 감동하심을 빈번히 거슬러 죄를 짓는 사람들입니다. 양심은 손에 화염검을 든 천사처럼 서 있었습니다. 이 크나큰 악을 저질러서는 안된다고 양심이 말하지만, 죄인들은 양심의 소리에 아랑곳하지 않고 악마의 군기를 높이 든 채 당당히 행군합니다. 그들이 회개하기는 어려울 것입니다. "빛을 싫어하는 사람들이 있다. 그들은……빛이 밝혀 주는 길로 가지 않는다."욥 24:13 빛이 없어서 죄를 짓는 것과 빛을 거슬러 죄를 짓는 것은 다릅니다. 용서받지 못할 죄는 바로 여기에서 비롯됩니다. 사람들은 처음에 양심의 빛을 거슬러 죄를 짓다가 점차 은혜의 성령을 욕되게 하는 쪽으로 나아갑니다.

∴

다음으로, 회개하지 않는 자들에 대한 질책입니다. 바윗돌에서 떨어져 나온 것처럼 마음이 단단한 자들, 그래서 비유에도 나오듯 물기 하나 없는 돌밭 같은 마음을 가진 죄인들을 질책함이 무엇보다 효과적입니다. 단단한 마음이라는 이 질병이 아무래도 유행하고 있는 듯합니다. "자신의 악행을 뉘우치는 사람은 하나도 없었다."렘 8:6 사람들의 마음이 대리석처럼 단단해졌습니다. "사람들은 마음이 차돌처럼 굳어져서."슥 7:12 그들의 마음이 전혀 녹지 않았으니 회개의 마음은 멀기만 합니다. 마녀는 결코 울지 않는다고 합니다. 죄를 슬퍼하지 않는 자들은 영적으로 사탄의 마법에 단단히 홀린 것이라고 나는 확신합니다. 우리가 읽어서 알듯, 그리스도께서는 예루살렘에 오셔서 자기가 기적을 많이 행하신 고을들이 회개하지 않으므로 꾸짖으셨습니다.마 11:20 이제도 그분께서는 회개하지 않는 많은 이들을 꾸짖지 아니하시겠습니까? 그들의 죄로 인해 하나님의 마음은 깨지건만 정작 그들의 마음은 깨지지 않습니다. 그들은 이스라엘처럼 말합니다. "오히려 나는 이방 신들이 좋으니 그들을 쫓아다녀야 하겠습니다."렘 2:25 하나님의 정의가 발람 앞에 나타난 천사처럼 손에 칼을 빼어 들고 서서 내리칠 준비를 하고 있지만, 죄인들의 눈은 발람의 나귀만도 못하여 그 칼을 전혀 못 보고 있습니다. 하나님 께서 사람들의 등을 내리치건만, 그들은 에브라임과 달리 자신들의 가슴을 치지 않습니다.렘 31:19 예언자의 슬픈 탄식이 있었습니다. "주님께서 그들을 때리셨어도 그들은 정신을 차리지 않으며."렘 5:3 도가니에 들어가서도 녹지 않고 단단해진다면 틀림없이 쓸모없는 은입니다. "사태가 이렇게 악화되었는데도 아하스 왕은 주님께 더욱 범죄하여."대하 28:22 단단한 마음은 사탄의 대피소입니다. 하나님께 천국과 겸손한 마음이라는 두 거처가 있다면 사탄에게는 지옥과 단단한 마음이라는 두 거처가 있습니다. 물에 빠진다 해서 익사하는 것이 아니라 물속에 잠기므로 익사합니다. 죄에 빠진다 해서 저주받는 것이 아니라 회개 없이 죄 안에 잠기므로 저주받습니다. 양심에 낙인이 찍힌 거짓말쟁이들이 있습니다.딤전 4:2 마음이 굳으면 결국 양심에 낙인이 찍힙니다. 사람들은 양심을 억눌러 침묵시키고, 하나님께서는 그들의 양심에 낙인을 찍었습니다. 그러니 이제 그분께서는 그들이 죄를 짓도록 방치하시고 아예 벌하지도 않습니다. "어찌하여 너희는 더 맞을 일만 하느냐?"사 1:5 유산상속을 철회하고 방치한 자식을 더 이상 훈계하지 않는 아버지와 같습니다.

chapter **06.**

엄중히 회개를 권고함

다음으로, 이 크나큰 회개의 의무를 감당하도록 여러분에게 촉구하고자 합니다. 슬픔은 어떤 것에도 쓸모가 없고 오직 죄에 대해서만 유익할 뿐입니다. 외부적인 손실로 눈물을 흘린다면 여러분에게 이로울 것이 없습니다. 꽃밭에 줄 물을 하수구에 쏟아서 좋을 일이 없습니다. 눈에 바르는 약을 팔에 바르면 무슨 소용이겠습니까. 슬픔은 영혼에만 약효가 있는데, 이를 세상일에 다 바르니 효과가 없는 것입니다. 오, 그러니 우리의 눈물이 올바른 통로로 흐르고 우리의 마음이 죄에 대한 슬픔으로 복받치기를!

이 회개의 권고를 더욱 효과적으로 역설하고자, 회개가 필요함을 또한 이 회개가 모든 사람에게 필요하고 모든 죄에 필요함을 설명해 보겠습니다.

1. 회개가 필요합니다

회개가 필요합니다. "너희도 회개하지 않으면 모두 그렇게 망할 것이다."눅 13:5 회개의 눈물로 이루어진 강이 아니고는 노를 저어 낙원에 이를 방법이 없습니다. 회개는 하나의 자격으로서 필요합니다. 회개는 그리스도께 사랑받기 위해서 하는 것이 아니라 그리스도를 사랑하기 위해서 하는 것입니다. 죄가 쓰지 않으면 그리스도가 달지 않습니다.

2. 모든 사람에게 회개가 필요합니다

그러므로 하나님께서 모든 이에게 명령하십니다. "하나님께서는 무지했던 시대에는 눈감아 주셨지만 이제는 어디에서나 모든 사람에게 회개하라고 명하십니다."행 17:30

첫째, 높은 자들에게 회개가 필요합니다. "너는 저 왕과 왕후에게 전하여라. 왕의 자리에서 내려와서 낮은 곳에 앉으라고 하여라."렘 13:18 니느웨의 왕과 귀족들은 관복을 벗고 베옷으로 갈아입었습니다.욘 3:6 높은 자들의 죄는 다른 이들의 죄보다 중합니다. 지도자들의 죄는 선례가 되므로 누구보다 그들이 회개할 필요가 있습니다. 권좌에 앉은 자들이 회개하지 않을 경우, 하나님께서는 그들을 심판할 날과 그들을 살라 버릴 불을 정해 두셨습니다.사 30:33

둘째, 이 나라의 극악무도한 죄인들에게 회개가 필요합니다. 영국은 스스로 상복을 입고 엄숙히 회개함으로써 몸을 낮추어야 합니다. 이 나라의 불신앙이 얼마나 심각한지 모릅니다. 사람들은 날마다 사탄의 군대에 지원하고 있습니다. 신앙의 제방은 물론 도덕의 제방도 무너졌습니다. 사람들은 저 옛적의 유대인들처럼 누가 더 악한지 다투는 듯합니다. "너의 더러운 죄 가운데는 음행이 있다."겔 24:13 거룩한 분을 빗댄 욕설과 술취함이 죄이고 거짓과 사치가 또한 죄일진대, 영국이 지금 하나님의 진노의 명부에 기록되어 있음을 두려워해야 합니다. 사람들은 세례의 서약을 취소하고 악마와 이면계약을 맺었습니다! 그들은 구원의 자비를 호소하는 대신 거룩한 분의 이름을 빗대어 "벼락맞을 놈들!"이라고 욕을 합니다. 때맞추어 가기에는 너무도 촉박하다는 듯 이렇게 서둘러 지옥으로 향한 경우는 일찍이 없었습니다. 어떤 자들이 간통과 살인의 죄를 짓고 죽었다는 소문이 있지 않습니까? 또 어떤 자들이 난봉과 음주를 떠벌리고 다닌다는 이야기가 있지 않습니까? 따라서 "그들이 소돔과 같이 자기들의 죄를 드러내 놓고 말하며 숨기려 하지도 않는다."사 3:9 실로 사람들의 죄가 대담해지고 있습니다. 반역의 깃발을 내걸고 하늘을 향해 대포를 날리기라도 할 것 같은 모양새가 꼭 트라키아인들 같습니다. 옛날에 그들은 천둥이 치면 한데 모여서 하늘에 대고 화살을 쏘았습니다. 영국의 죄인들은 아예 하나님께 도전장을 보내기까지 합니다. "이것은 모두 그가 하나님께 대항하여 주먹을 휘두르고, 전능하신 분을 우습게 여긴 탓이 아니겠느냐? 전능하신 분께 거만하게 달려들고 방패를 앞세우고 그분께 덤빈 탓이다."욥 15:25-26 오, 이 죄가 얼마나 높이 치솟고 있는지 모릅니다! 사람들은 뻔뻔하지 않은 것을 오히려 수치로 여깁니다. 요세푸스˚가 유대인들을 가리켜 했던 말이 오늘날 우리를 가리켜 하는 말이 되지 않기를 바랄 따름입니다. 그 시대의 사악함이 하도 극단적이었으므로, 로마가 함락하지 않았다면 아마 예루살렘은 지진으로 땅속에 묻히거나 홍수에 휩쓸리거나 하늘의 불벼락으로 망했으리라는 것입니다. 그러니 온 국민에게 사악한 기운이 골고루 퍼져 있는 지금이야말로 이 나라가 더 이상 미루지 말고 치료에 들어가 이 회개의 약을 제대로 복용해야 할 때가 아니겠습니까? 영국은 두 바다로 둘러싸인 섬인데, 하나는 물의 바다요 또 하나는 악의 바다입니다. 오, 이제는 영국이 세 번째 바다, 곧 회개로 이루어진 눈물의 바다로 둘러싸이기를 바랍니다!

어쩌다 율법책이 땅에 떨어지면 즉시 금식을 선언하는 습관이 유대인들에게 있습니다. 영국인들은 율법과 복음을 모두 땅에 떨어뜨렸으니 주님 앞에서 금식하며 울어야 합니다. 죄악을 담는 뒤주˚˚가 찬 것 같습니다. 죄가 그토록 빨리 찰 때는 즉시 눈물을 쏟아 내야 마땅합니다. 그런데 왜 모두들 얼굴을 찌푸리고 있습니까? 어찌하여 회개의 샘이 막혔습니까? 이 땅의 죄인들은 자신들이 회개해야 함을 모릅니까? 경고를 받지 못했습니까? 하나님의 신실한 사자들이 나팔처럼 목청을 드높여 그들에게 회개를 외치지 않았습니까? 하지만 사람들의 마음이 워낙 돌덩이인지라 목회자들이 쓰는 이 연장들이 오히려 대부분 닳고 말았습니다. 하나님께서 이 땅에 무수한 설교자들을 보내시어

• 유대인 역사가로서 『유대전쟁사』를 저술했다. 주후 37년부터 100년까지 살았다.

회개를 요청하셨건만, 사람들은 여전히 찌꺼기처럼 가라앉아 있습니다.^{습 1:12} 우리는 진정 하나님께서 우리의 이 무례한 행위를 언제까지나 참아 주시리라고 생각하는 겁니까? 당신의 이름과 명예가 짓밟히는 모습을 하나님께서 과연 보고만 계시겠습니까? 대체로 주께서는 믿음을 고백한 자들의 죄를 처리하실 경우 재판 절차를 더욱 신속히 진행하십니다.

그러므로 나는 브래드포드[•]를 따라서 외칩니다. "영국이여, 회개하라!" 여러분은 죄로 인해 스스로 문둥병을 얻었으니 영적인 요단에 가서 씻어야 합니다.^{왕하 5장} 여러분은 여러분을 향한 하나님의 분노에 불을 붙였습니다. 이제 무기를 버리고 거룩한 엔진을 돌려 눈물을 뽑아내십시오. 그래야 하나님께서 그리스도의 피를 보시고 분노를 누그러뜨리십니다. 눈물을 쏟아 냅시다. 그리하면 하나님의 저주의 두루마리가 날아갑니다.^{슥 5:2} 사람이 굽히지 않으면 하나님께서 구부러뜨리실 것입니다. 그들 마음의 묵정밭이 갈리지 않으면 이 나라가 쟁기질을 당할 것입니다. 어떠한 말로도 죄인들을 설득할 수 없다면, 이제 그것은 하나님께서 그들을 멸하기로 작정하셨기 때문입니다.^{삼상 2:25} 어떤 사람이 중범죄를 지어 물의 사용을 금지당한 경우, 로마인들은 그를 사형수로 결론 내렸습니다. 그러므로 엄청나게 악한 죄로 하늘에 계신 하나님을 심히 노엽게 하여 그분으로부터 회개의 눈물조

• 존 브래드포드는 맨체스터 출신으로 종교개혁 시대의 선도적인 프로테스탄트 개혁자였다. 1555년 메리 1세에 의해 순교당했다.

차 금지당한 자들은 스스로를 사형수로 보아야 마땅합니다.

셋째, 협잡꾼들에게 회개가 필요합니다. "그들의 속임수는 다 헛것입니다."시 119:118 그들은 악한 일을 행함에 슬기롭고렘 4:22 오로지 계략을 꾸미는 일에만 골몰합니다. 그들은 믿음이 아니라 술책으로 살아갑니다. 그들은 스스로 가난해지는 잔재주를 부려서 부자가 되려는 자들입니다. 오해의 소지가 있으므로 명백히 밝히겠습니다. 이를테면 하나님의 섭리에 의해 망한 이들, 재산은 망해 없어졌으나 정직은 망하지 않은 그런 이들을 지금 내가 말하려는 것이 아닙니다. 내가 말하는 사람들은 파산을 가장해 채권자들을 속이려는 자들입니다. 스스로 파산함으로써 남들이 장사해서 버는 것보다 더 버는 자들이 있습니다. 그들은 적선을 받으려고 팔뚝을 더럽히고 상처 내는 거지들과 다름없습니다. 거지들이 상처를 팔아 연명하듯 협잡꾼들은 파산으로 살아갑니다. 서리가 녹으면 길거리에 물이 많아집니다. 마찬가지로, 많은 장사꾼들이 녹아 버린 서리처럼 파산해서 더 많은 돈을 긁어모읍니다. 그들은 아무것도 없는 척하지만 그 아무것도 없는 것으로 한 재산 챙깁니다. 기억하십시오. 천국은 강탈을 당하지만 사기로 강탈당하지는 않습니다. 이 황금의 빵조각을 따라 악마가 들어온다는 점을 그들은 알아야 합니다. 그들은 저주를 꾹꾹 눌러서 자신들의 재산을 만듭니다. 그들은 속히 회개해야 합니다. "속여서 얻은 빵이 맛있다고 하지만"잠 20:17 많은 이들이 그단 것을 지옥에서 토해 냅니다.

넷째, 도덕주의자들에게 회개가 필요합니다. 그들은 특별히 눈에 띄는 흠이 없습니다. 사람들은 아마 그들이 큰 죄가 없는 만큼 회개와는 무관하리라고 생각할 것입니다. 그들은 자비를 주시겠다는 하나님의 제안을 비웃을 정도로 훌륭합니다. 하지만 그들이야말로 정작 최악의 상태에 있습니다. 그들은 자신들은 회개할 필요가 없다고 생각하는 사람들입니다.^{눅 15:7} 그들은 자신들의 도덕으로 망합니다. 도덕을 자기들의 그리스도로 삼는데, 바로 이 암초에 걸려 난파당합니다. 도덕성은 하늘에 닿기 어렵습니다. 그것은 세련된 본성일 뿐입니다. 도덕적인 인간은 훌륭하게 차려입은 옛 아담에 불과합니다. 왕의 초상을 위조해서 찍어 낸 동전이 유통될 리 없습니다. 도덕주의자들은 하나님의 형상을 하고 있는 듯 보이지만, 그의 실상은 하나님의 모습이 전혀 찍히지 않은 맨 동전일 뿐이니 화폐로 통용될 리 만무합니다. 도덕은 구원의 능력이 없습니다. 삶은 도덕적일 수 있어도 욕망은 죽일 수 없습니다. 마음에 교만과 불신앙이 가득 차 있습니다. 아름다운 나뭇잎 뒷면에 벌레가 붙어 있는 것입니다. 여러분이 도덕적이므로 회개하라는 것이 아니라 도덕적일 뿐이므로 회개하라고 나는 말합니다. 방금 청소하고 꾸민 집에 사탄이 들어왔습니다.^{눅 11:26} 이것이 도덕적인 인간의 전형적인 모습입니다. 도덕으로 쓸고 닦아 인간의 온갖 재능으로 꾸몄지만 참된 회개로 씻지는 않았습니다. 이러한 사람에게 부정한 영이 들어갑니다. 도덕으로 구원받을 수 있다면 그리스도께서 돌아가실 필요가 없었습니다. 도덕주의자는 아름다운 등잔을 가졌지만, 그 등잔에는 은혜의 기름이 없습니다.

다섯째, 위선자들에게 회개가 필요합니다. 말하자면 이들은 죄에 온전히 몰두하는 사람들입니다. 위선은 거룩의 모조품입니다. 위선자는 일종의 연기자로서 도덕주의자보다 한 걸음 더 나아가 스스로 경건의 복장을 차려입습니다. 그는 거룩한 체하지만 거룩의 능력은 부인합니다.딤후 3:5 위선자는 변장한 성도입니다. 그는 굉장한 볼거리를 연출하는데, 그 모양이 마치 고관대작의 관복을 걸친 원숭이 같습니다. 위선자는 외관은 아름답되 그 안의 방들은 한결같이 어두운 집과 같습니다. 그는 겉은 금칠을 했으나 속은 썩어 버린 나무기둥입니다. 그는 신앙고백의 가면 안쪽에 역병의 종기를 숨기고 있습니다. 위선자는 얼굴 치장에는 반대하지만 그 자신은 거룩으로 치장하고 있습니다. 그가 겉으로 선한 체하는 것은 오히려 악해지기 위함입니다. 그는 사무엘의 겉옷을 두르고 마귀 노릇을 합니다. 그러므로 성경 원문에서 이 단어는 "선을 가장하다"라는 뜻과 "불경하다"라는 뜻으로 사용됩니다. 위선자는 하늘에 시선을 고정하고 있는 듯 보이지만, 마음속에는 더러운 욕망이 가득합니다. 그는 어떤 무리와 섞여도 변신할 수 있고, 따라서 어떤 때는 비둘기가 되었다가 어떤 때는 독수리가 됩니다. 그는 말씀을 듣게 되면 유달리 경청하는 자세를 취합니다. 다른 이들이 우러러볼 수 있도록 성전기도는 좋아하지만 가족기도나 골방기도는 무시합니다. 기도로 죄를 떠나보내지 못한다면 결국 죄가 그 사람에게서 기도를 떠나보낼 것입니다. 위선자는 겸손을 가장하지만 그 겸손은 세상에서 출세하기 위한 것입니다. 그는 믿음이 있는 것처럼 행세하지만 그 믿음을 방패로 사용하기보다는 자신을 은폐하는 겉옷으로 사용합니다. 그는 옆구리에 성경을 끼고 다니지만 그의 가슴에는 성경이 없습니다. 그가 보여주는 모든 신앙은 교활한 거짓입니다.호 11:12

하지만 그런 부류의 사람들이 눈에 띕니까? 주께서 부디 그들의 그 위선적인 경건을 용서해 주시기를 빕니다! 위선자들은 마음에 악독이 가득합니다.행 8:23 오, 그들은 정녕 재를 뒤집어쓰고 앉아 철저히 몸을 낮추어야 합니다! 그들의 부패는 너무도 심각합니다. 만에 하나 치료제가 있다면 그것은 분명히 회개의 눈물로 채워진 짜디짠 저수지 물을 날마다 퍼마시는 일이 될 것입니다.

기탄없이 말해 보겠습니다. 위선자들보다 회개를 어려워하는 사람은 없을 것입니다. 그들은 신앙을 가지고 너무나 재주를 부렸고, 따라서 그들의 반역적인 마음은 아예 회개하는 방법조차 모릅니다. 위선은 정신병보다 치료하기 어렵습니다. 위선자들의 마음에 있는 종기는 좀처럼 터지지 않습니다. 더 늦기 전에 하나님께 가서 자비를 구해야 합니다.

심각한 위선의 죄를 짓고 있는 자들은 두렵고 무서운 줄을 알아야 합니다. 그들의 처지는 악하고 슬픕니다. 우선 그들이 신앙을 결단에 의해 받아들인 것이 아니라 어떤 속셈을 가지고 의도적으로 받아들였으므로 악합니다. 그들은 신앙을 사랑하지 않고 치장할 뿐입니다. 그리고 슬픈데, 두 가지 이유에서 그렇습니다. 첫째, 그들의 속임수가 오래갈 수 없기 때문입니다. 무슨 장사를 한다고 간판을 내걸었는데 마음에 은혜의 상품이 없으니 결국 파산할 수밖에 없습니다. 둘째, 위선자들에게 임하는 하나님의 분노가 특별히 더 맹렬하기 때문입니다. 그들이 하나님의 명예를 더럽히고 복음의 명성을 훼손하는 정도는 남들보다 심각합니다. 그러므로 주께서는 당신의 화살통에 무엇보다 치명적인 화살을 준비해 두시고 그들을 쏘려 하십니다. 이교도들이 저주받는다면 위선자들은 두 배로 저주받을 것입니다. 지옥은 위선자들을 위한 장소라고 합니다.^{마 24:51} 거의 그들만을 위해 마련되었으며 무조건 그들에게 물려주기로 결정되었다는 듯이 말입니다.

여섯째, 은혜의 역사를 아는 참된 이스라엘, 곧 하나님의 백성들에게 회개가 필요합니다. 그들은 날마다 눈물의 제사를 바쳐야 합니다. 누군가 신자가 되었을 때는 사면장을 받은 것이므로 이제 즐거워할 일밖에 없다는 것이 반율법주의자들^{Antinomians}의 주장입니다. 즐거워해야 하는 것은 맞지만 다른 할 일이 하나 있으니, 바로 회개입니다. 회개는 끊임없는 행위입니다. 죽을 때까지 신실한 슬픔을 멈추어서는 안됩니다. 제롬은 라에타에게 보내는 서신에서 그녀의 삶은 회개의 삶이 되어야 한다고 썼습니다. 회개는 육신을 십자가에 못 박는 것이라고 합니다.^{갈 5:24} 이것은 한순간의 일이 아니니, 평생에 걸쳐 지속적으로 이루어 가는 일입니다.

그리고 하나님의 백성들이라 해도 눈물의 욕조로 들어가야 할 이유가 많지 않겠습니까? "당신들도 주 하나님을 거역하는 죄를 지었다는 것을 알아야 하오."^{대하 28:10} 여러분도 날마다 살아

가며 죄를 짓지 않습니까? 여러분이 다이아몬드처럼 빛나는 존재라 해서 결점이 없습니까? 하나님의 자녀들에게도 흠이 있음을 우리가 읽어서 알고 있지 않습니까?신 32:5 말씀의 촛불을 켜 들고 마음을 밝혀 회개할 것이 없는지 찾아봅시다.

(1) 여러분의 성급한 비판을 회개하십시오. 여러분은 다른 이들을 위해 기도하기보다 먼저 그들을 심판하려 합니다. 성도들이 장차 세상을 심판하는 것은 맞습니다만고전 6:2 시간을 좀 미루십시오. 고린도전서 4:5에서 사도가 주는 권고를 기억합시다. "그러므로 여러분은 주님께서 오실 때까지는 아무것도 미리 심판하지 마십시오."

(2) 여러분의 헛된 생각을 회개하십시오. 이 헛된 생각이 여러분의 마음에 들끓는데 바로의 궁궐에 파리 떼가 들끓듯 합니다.출 8:24 생각은 종잡을 수 없는 것입니다! 사탄은 여러분의 육신을 사로잡지 못할 경우 여러분의 그 생각을 지배합니다. "네가 언제까지 흉악한 생각을 너의 속에 품고 있을 작정이냐?"렘 4:14 사람은 이 헛된 생각으로 지옥에 떨어질 수도 있습니다. 오, 성도들이여, 여러분의 생각이 이처럼 경박하니 부디 겸손해집시다.

(3) 여러분의 헛된 풍습을 회개하십시오. 하나님께서 수치를 가리라고 주신 의복이 오히려 사람들의 거드름을 드러내 주고 있으니 알 수 없는 일입니다. 성경에서 이르는바, 신실한 자들은 세상을 본받지 말아야 합니다.롬 12:2 세상 사람들은 화려하고 경박하게 입습니다. 요즘은 지옥에 가는 것이 유행입니다. 하지만 남들이 무엇을 하건 유다는 죄를 범하지 말아야 합니다.호 4:15 사

도 바울이 정한 대로 그리스도인들은 단정한 옷차림을 겉옷으로 삼아야 합니다.딤전 2:9 그리고 속옷은 "겸손의 옷"으로 입어야 합니다.벧전 5:5

(4) 여러분의 은혜의 쇠락을 회개하십시오. "네가 처음 사랑을 버린 것이다."계 2:4 그리스도인들이여, 여러분의 영혼이 썰물일 때가 얼마나 많습니까? 영혼의 한기가 얼마나 자주 찾아옵니까? 여러분 마음에 일던 그 불길, 한때 그토록 뜨겁던 마음은 어디 있습니까? 아무래도 너무 녹아 사라졌는가 봅니다. 오, 그 처음 사랑을 버렸으니 회개하십시오!

(5) 여러분의 은사를 향상시키지 못했음을 회개하십시오. 건강도 은사입니다. 재산도 은사요 지혜와 재능도 은사입니다. 하나님께서는 이러한 은사들을 여러분에게 맡기시고 당신의 영광을 위하여 증진하게 하셨습니다. 상인이 이익을 남겨 오라며 아랫사람을 바다 건너로 보내 장사하게 하듯 하나님께서 여러분을 이 세상 한가운데로 보내셨건만, 여러분은 마땅히 남겨야 할 이문을 남기지 못했습니다. 여러분은 주인님의 한 므나로 다섯 므나를 벌었다고 말할 수 있습니까?눅 19:18 오, 여러분의 달란트를 땅속에 묻어 두었으니 통곡합시다! 그토록 많은 세월을 헛되이 보냈음에, 여러분의 그 황금 같은 시간을 원액이 아니라 거품으로 채웠음에 슬퍼합시다.

(6) 거룩한 맹세를 잊었으니 회개하십시오. 맹세는 자신의 영혼을 하나님께 붙들어 매는 것입니다.민 30:2 그리스도인들이여, 여러분은 하나님께 매인 몸이 된 이후로 다른 고용 계약을 박탈

당하지 않았습니까? 그런데 하나님께 자신을 엄숙히 드림으로써 그분의 것이 된 이후로 여러분은 다른 주인들을 위해 일하지 않았습니까? 이와 같이 여러분은 맹세를 파기함으로써 여러분의 평화를 파기했습니다. 이는 명백히 새로운 눈물의 대야를 필요로 하는 일입니다.

(7) 복을 받고도 보답하지 않았으니 회개하십시오. 여러분은 평생을 자비에 의지해 살아왔습니다. 값없이 주신 은혜의 저장품을 파먹으며 지냈습니다. 언제나 여러분 앞에 자비의 기적이 있었습니다. 하지만 여러분이 하나님께 돌려 드리는 사랑은 어디 있습니까? 아테네인들은 배은망덕한 사람들을 고소했습니다. 그리스도인들이여, 하나님께서 여러분의 그 배은망덕을 고발하시지 않겠습니까? "또 벗은 몸을 가리라고 준 양털과 모시도 빼앗겠다."호 2:9 법적으로 그것들을 되찾아 오겠다."

(8) 여러분의 속됨을 회개하십시오. 사람들 앞에서 하는 고백으로 보자면 여러분은 하늘 높이 올라 천상의 이슬만 먹고 사는 낙원의 새를 닮은 듯합니다. 하지만 여러분은 뱀처럼 흙을 핥고 있습니다. 바룩은 선한 인간이었지만 이와 같이 비난받았습니다. "네가 이제 큰일을 찾고 있느냐?"렘 45:5

(9) 여러분의 분열을 회개하십시오. 이는 여러분이 착용한 거룩한 문장의 얼룩이요, 믿지 않는 이들을 신앙에서 멀어지게 하는 요인입니다. 사실 우리가 악한 자들과 갈라선다는 것은 죄인들과 구별되시는 그리스도를 닮는 일입니다만,히 7:26 신실한 자들이 서로 갈라서며 눈을 흘기는 문제라면, 우리가 하늘의 별만큼

이나 많은 눈을 가지고 울어도 부족할 것입니다. 분란은 교회의 아름다움을 가리고 그 능력을 약화시킵니다. 하나님의 성령께서는 성도들에게 갈라진 혀를 주셨지만 행 2:3 마귀는 성도들 사이로 갈라진 마음을 가져왔습니다. 이는 명백히 소나기 같은 눈물을 쏟아 내야 할 일입니다.

(10) 여러분의 거룩한 일들을 더럽혔으니 회개하십시오. 하나님께 드리는 예배의 전례가 형식주의로 얼어붙고 거만으로 시어 빠질 때가 얼마나 많았습니까? 비둘기의 낮은 울음보다는 공작새의 깃털이 훨씬 많았습니다. 거룩한 의무가 허영의 무대로 전락한다는 것은 슬픈 일입니다. 그리스도인들이여, 여러분이 행하는 의무는 너무도 딱딱하게 굳어서 하나님께서 잡수실 것이 거의 없음을 걱정해야 할 정도입니다.

이제 신실한 자들에게 마땅한 회개를 생각합시다. 하나님께서는 다른 이들의 죄보다 신실한 자들의 죄를 더 노여워하신다는 점을 생각하며 신 32:19 우리의 슬픔의 수위를 높여야 합니다. 악한 자들의 죄는 그리스도의 옆구리를 찌르고, 신실한 자들의 죄는 그분의 가슴으로 향합니다. 그토록 큰 사랑을 거스른 베드로의 죄는 무엇보다 배은망덕한 것이었으니, 이로 인해 그의 뺨에는 눈물의 고랑이 생겨났습니다. "베드로는……그 말씀이 생각나서 엎드려 울었다." 막 14:72

3. 모든 죄에 회개가 필요합니다

원죄로 인해 주님 앞에 몸을 낮추어 웁시다. 우리는 옛날의 그

순수한 영혼의 본질을 잃었습니다. 우리의 본성은 타락으로 훼손되었습니다. 돼지감자는 아무 땅에나 심기만 하면 순식간에 사방으로 퍼져 나가는데, 이처럼 원죄는 독액과도 같이 인간의 전 영역에 퍼졌습니다. 지옥에도 우리의 본성보다 악한 것은 없습니다. 가장 선한 자의 마음이라고 해야 베드로의 보자기와 같으니, 그 안에는 기어 다니는 부정한 것들이 가득합니다.행 10:12 이 태초의 타락은 우리가 결단코 벗어날 수 없는 만큼 특별히 더 비통할 수밖에 없습니다. 그것은 지하수와 같아서 눈에는 안 보이지만 땅 밑에서 여전히 흐르고 있습니다. 죄의 충동을 멈추려는 것은 스스로 맥박을 멈추려는 시도와 다를 바 없습니다.

이 선천적인 타락으로 우리의 영적인 진보가 늦어지고 방해를 받습니다. "나는 내가 원하는 선한 일은 하지 않고 도리어 원하지 않는 악한 일을 합니다."롬 7:19 원죄는 로마 작가 플리니가 말한 그 물고기, 곧 바다칠성장어에 비유될 수 있는데, 그 물고기는 배의 용골에 엉겨 붙어 항해에 지장을 초래합니다. 죄는 추와 같이 우리에게 매달려서 천국으로 향하는 우리의 발걸음을 될 수 있는 한 늦춥니다. 죄의 부착력이 이렇습니다! 바울은 자신의 손에 붙은 뱀을 불 속으로 털어 냈지만행 28:5 우리는 이 삶에서 원죄를 털어 낼 수 없습니다. 죄는 하룻밤의 유숙자로 오지 않고 상주자로 왔습니다. "내 속에 자리를 잡고 있는 죄."롬 7:17 죄와 우리의 관계는 결핵과 결핵환자의 관계와 같습니다. 환자가 어디로 요양을 가든 그 질병이 붙어 다닙니다. 원죄는 아무리 써도 없어지지 않습니다. 이 원죄의 바다가 비는 법은 없습니다.

죄는 아무리 많이 소비해도 재고가 줄어들지 않습니다. 오히려 죄를 지을수록 우리에게 죄는 더 많아집니다. 원죄는 아무리 따라 내도 늘어나는 과부의 기름과 같습니다.

우리의 가슴을 아프게 하는 또 하나의 쐐기는 원죄가 바로 우리의 은혜로운 습관에 섞여 있다는 것입니다. 천국으로 향하고자 하는 우리의 선량한 행위들이 그토록 단조롭고 무기력한 이유가 바로 여기에 있습니다. 우리의 감각(죄)으로 막혔기 때문이 아니라면 믿음이 더욱 강하게 앞으로 나가지 못하는 이유가 무엇입니까? 우리의 욕망으로 차단당했기 때문이 아니라면 하나님을 향한 사랑이 더욱 순수하게 타오르지 못하는 이유가 무엇입니까? 원죄가 우리의 은혜에 섞여 들어 왔습니다. 폐가 나쁘면 천식이 생기고 숨이 가빠지듯, 원죄가 우리의 흉부에 침입했으므로 우리의 은혜는 지금 숨이 가빠 헐떡입니다. 원죄의 모습이 이러하니 우리는 마땅히 눈물을 쏟아 내야 합니다.

특별히 우리의 의지와 감정의 타락을 슬퍼합시다. 먼저 우리의 의지의 타락을 애통해합시다. 올바른 이성의 훈계를 따르지 않는 의지는 악에 치우쳐 있습니다. 의지는 하나님을 싫어하는데, 그분이 선해서가 아니라 거룩하시므로 싫어합니다. 의지는 고집불통으로 그분을 모욕합니다. "우리는 우리의 입으로 맹세한 대로 할 것이오.……우리도 하늘 여신에게 제물을 살라 바치고, 그에게 술 제물을 바치겠소."렘 44:17 가장 심각하게 상처를 입은 것이 바로 우리의 의지입니다.

다음으로 우리의 감정의 타락을 탄식합시다. 감정은 애초의 올바른 대상에서 이탈했습니다. 감정은 빗나간 화살처럼 과녁을 맞히지 못했습니다. 태초에 우리의 감정은 하나님께로 날아가는 날개였습니다. 지금 우리의 감정은 그분에게서 우리를 끌어내리는 쇳덩이 추입니다.

우리 감정의 죄악된 성향을 탄식합시다. 우리의 사랑은 죄로 향하고 우리의 기쁨은 피조물로 향합니다. 우리의 감정은 댕기물떼새처럼 더러운 것을 먹고 삽니다. 이 병든 감정이 어찌 정당하게 우리의 슬픔의 무대로 올라올 수 있겠습니까? 안 그래도 지옥으로 떨어지고 있는 판에 감정이 우리를 그쪽으로 거세게 밀어붙이려 합니다.

각별히 유념해야 할 것이 바로 자범죄입니다. 이 죄에 대해서는 이렇게 말할 수 있습니다. "어느 누가 자기 잘못을 낱낱이 알겠습니까?"시 19:12 이러한 죄들은 태양의 원소들과 같고 용광로의 불꽃과 같습니다. 우리는 눈으로 죄를 지었으니, 눈은 허영이 들어오는 창이었습니다. 우리는 혀로 죄를 지었으니, 혀는 분노로 격하게 타올랐습니다. 우리의 행위 중에서 과연 죄 하나 섞이지 않은 깨끗한 행위가 있겠습니까? 이 모든 죄들을 계산하느니 바다로 가서 물방울을 세는 편이 낫습니다. 부디 주님 앞에서 우리의 자범죄를 엄숙히 회개합시다.

chapter **07.**

회개의 강력한 동기

이 회개의 권고가 좀 더 효과를 발휘할 수 있도록 회개를 자극하는 몇 가지 강력한 동기를 제시해 보겠습니다.

1. 마음이 슬픔으로 녹아내리면 우리는 모든 거룩한 의무를 감당하기에 합당한 자로 나설 수 있습니다

딱딱한 납덩어리가 그냥 덩어리인 채로 있으면 쓸모가 없지만, 그것이 녹으면 어떤 형태로든 주조할 수 있으니 비로소 유용하다 할 것입니다. 마음도 그렇습니다. 단단한 죄의 덩어리로 굳어 있으면 아무짝에도 쓸모가 없되 회개로 녹아 풀어지면 비로소 유용합니다. 녹아서 뭉클한 마음은 기도에 합당합니다. 마음이 겸손해지고 부드럽게 된 바울이 한 것도 기도였습니다. "그는 지금 기도하고 있다."행 9:11 녹아내린 마음은 말씀을 듣기에 합당합니다. 이제야 말씀이 진정으로 들리는 것입니다. 마음이 부드러워진 요시야는 율법의 말씀을 듣고 겸손히 자신을 낮추어 옷을 찢었습니다.대하 34:19 그의 마음은 녹아서 부드러워진 밀랍과 같았으니, 마침내 그 위에 말씀의 도장이 선명히 찍힐 수 있었던 것입니다. 녹아내린 마음은 순종에 합당합니다. 마음이 도가니 속의 금속과 같아지면 어떤 일에도 유순히 적응할 수 있습니다. "주님, 무엇을 하리이까."행 22:10, 개역개정 회개하는 영혼은 하나님의 뜻에 복종하고, 메아리가 대답하듯 그분의 부르심에 응답합니다.

2. 회개는 주님께 크나큰 기쁨을 드립니다

영적인 강이 흘러 이 회개의 동산에 물을 대면 우리의 마음은 이제 하나님께서 기뻐하시는 에덴동산이 됩니다. 비둘기들이 물가에서 노닐기를 좋아한다고 나는 알고 있습니다. 비둘기처럼 내려오신 하나님의 성령께서도 틀림없이 회개의 물가를 크게 즐거워하십니다. 주께서 기뻐하시는 마음은 상한 마음뿐입니다. "하나님께서 원하시는 제물은 찢겨진 심령입니다."시 51:17 마리아는 예수의 발 곁에 서서 울었습니다.눅 7:38 여인이 가져온 것은 두 가지, 곧 향유와 눈물이었다고 아우구스티누스는 말했습니다. 여인의 눈물이 향유보다 나았습니다. 눈물은 자비를 호소하는 강력한 웅변입니다. 눈물은 말이 없지만 소리를 가지고 있습니다. "주님께서 내 울부짖는 소리를 들어 주셨다."시 6:8

3. 회개는 우리의 모든 섬김을 하나님께 올려 보냅니다

신실한 슬픔이라는 쓴 풀을 곁들여야 하나님께서 즐기시는 음식이 됩니다. 우리가 말씀을 듣더라도 마음이 찔려서 아픈 정도가 되어야 하나님께서 기뻐하십니다.행 2:37 그분께서는 찢어진 마음의 제단에서 올라오는 기도를 좋아하십니다. 세리가 가슴을 치며 말했습니다. "아, 하나님, 이 죄인에게 자비를 베풀어 주십시오." 이 기도가 하늘에 닿았습니다. "의롭다는 인정을 받고서 자기 집으로 내려간 사람은 저 바리새파 사람이 아니라 이 세리"였습니다.눅 18:14 자신의 죄를 깨닫는 마음에서 나오지 않는 기도는 결코 하나님의 귀에 이를 수 없습니다.

4. 회개 없이는 어느 것도 소용이 없습니다

지식이 많다고 자랑하는 사람들이 있지만, 회개 없는 지식이 무슨 소용입니까? 만 가지 지식을 아느니 한 가지 죄라도 죽여 없애는 편이 낫습니다. 부정한 지식인은 빛의 천사로 모습을 바꾼 사탄과 다를 바 없습니다. 학식은 많은데 마음이 썩었다는 것은 얼굴은 아름답지만 흉부에 암이 있다는 것과 같습니다. 회개 없는 지식은 사람들을 지옥으로 인도하는 횃불에 불과합니다.

5. 회개의 눈물은 답니다

회개의 눈물은 몰약에 비유될 수 있는데, 이 향유는 비록 맛은 쓰지만 향기가 좋고 정신을 맑게 합니다. 회개도 그렇습니다. 맛 자체는 쓰지만 결과는 향기롭습니다. 내적인 평화를 가져다주는 것입니다. 영혼이 무엇보다 활기차고 기쁠 때는 부드럽게 녹아내릴 때입니다. 알렉산더는 휘하의 장군 네아르쿠스가 인도양을 탐사하고 오랜 여행에서 돌아오자 기뻐서 울었습니다. 성도들은 얼마나 자주 기뻐서 웁니까! "회개하다"를 히브리어로 풀어보면 "안심하다"라는 뜻이 됩니다. 회개자보다 기쁜 사람은 없습니다! 철학자들이 말하듯 눈물은 네 가지 특성이 있으니, 뜨겁고, 축축하고, 짜고, 씁니다. 회개의 눈물 역시 마찬가지입니다. 얼어붙은 양심을 녹일 만큼 뜨겁고, 단단한 마음을 적셔 부드럽게 할 만큼 축축하며, 영혼이 죄로 부패하는 것을 방지할 만큼 짜고, 세상 사랑의 맛을 싹 가시게 할 만큼 씁니다. 나는 여기에 다섯 번째 특성을 하나 더 보태겠습니다. 회개의 눈물은 답니다. 우리 마음에 내적인 기쁨을 가져다준다는 점에서 그렇습니다. "근심이 기쁨으로 변할 것이다."요 16:20 우리는 죄를 슬퍼하고 슬픔을 기뻐해야 한다고 아우구스티누스는 말했습니다. 눈물은 다디단 사탕입니다. 이스라엘에서 가장 잘 울었던 다윗은 이스라엘에서 가장 감미로운 가수였습니다. 회개자의 슬픔은 산고를 겪는 여인의 슬픔과 같습니다. "여자가 해산할 때에는 근심에 잠긴다. 진통할 때가 왔기 때문이다. 그러나 아이를 낳으면, 사람이 세상에 태어났다는 기쁨 때문에 그 고통을 더 이상 기억하지 않는다."요 16:21 이처럼 겸손한 죄인의 슬픔이 은혜를 낳습니다. 그리고 이 어른 신생아가 태어났을 때의 기쁨은 얼마나 크겠습니까!

6. 아무리 큰 죄도 회개하면 자비를 얻습니다

죄 많은 여인 마리아는 눈물로 그리스도의 발을 씻겨 드림으로써 용서받았습니다. 그리스도를 십자가에 못 박는 데 가담한 유대인들 중 몇이 회개하는 순간, 애초에 그들이 찔러서 흘러나왔던 그 피가 오히려 그들을 치유하는 놀라운 향유가 되었습니다. "너희의 죄가 주홍빛과 같다 하여도 눈과 같이 희어질 것이며." 사 1:18 진홍빛 혹은 주홍빛은 그리스어로 "디바손"이라고 하는데, "두 번 염색해서" 인간의 기술로는 그 염색물을 결코 다시 지울 수 없기 때문에 그렇다는 것입니다. 하지만 우리의 죄가 아무리 진홍빛과 같다 해도 하나님의 자비는 그 짙은 색깔을 온전히 지워 없앨 수 있습니다. 극악무도한 죄를 짓고 어떠한 희망도 없는 듯 낙심한 자들은 이 점을 위로로 삼아야 합니다. 그렇습니다. 진정으로 그들이 하나님께 돌아서는 순간 그들의 죄는 완전히 지워 없어질 것입니다.

오, 하지만 나의 죄는 한도 끝도 없이 악독합니다! 그래서 속히 회개하라는 것입니다. 회개하지 않으면 그 죄가 더 커질 뿐입니다. 회개는 죄를 온전히 풀어헤쳐서 애초부터 그런 죄가 있지도 않았던 것처럼 만들어 버립니다.

오, 하지만 나는 용서받고도 다시 죄를 지었으니 내게는 분명 자비가 없을 것입니다! 한번 실족하면 회개해도 새롭게 되지 않는다는 것이 노바티안주의자*들의 주장입니다만, 명백히 이 주장은 오류입니다. 하나님의 자녀들은 늘 같은 죄를 다시 저질렀습니다. 아브라함은 두 차례나 애매한 태도를 보였고, 롯은 두 번 근친상간의 죄를 범했습니다. 아사는 훌륭한 왕이었지만 육신의 안락으로 같은 죄를 또 범했으며, 베드로 역시 똑같은 육신의 두려움으로 다시 죄를 지었습니다.^{마 26:70, 갈 2:12} 하지만 몇 번이고 같은 죄에 빠지는 사람들에게 주는 위로가 있으니, 진실로 회개하기만 하면 자비의 흰 깃발이 그들을 향해 내걸린다는 것입니다. 잘못한 형제가 회개하기만 하면 하루에 일흔 번씩 일곱 번이라도 용서해 주라고 예수께서는 우리에게 말씀하십니다.^{마 18:22} 우리에게 친히 이러한 지침을 주신 주님이시니, 우리가 회개한다면 더더욱 기꺼우신 마음으로 용서해 주시지 않겠습니까? 그분의 용서와 비교하면 우리의 용서는 어떠합니까? 나는 지금 회개하지 않는 죄인들 듣기 좋으라고 이 말을 하는 것이 아닙니다. 내 의도는, 회개해도 소용이 없으며 이미 자비에서 배제되었다고 생각하는 낙심한 죄인들을 위로하려는 데 있습니다.

7. 회개는 영적인 축복으로 들어가는 입구입니다

회개하면 은혜가 풍성해집니다. 사막에 장미처럼 꽃이 피어 만발합니다. 회개하면 영혼이 나일 강의 범람으로 비옥해진 이집트 들판처럼 번성하여 많은 소출을 냅니다. 은혜의 꽃은 회개의 눈물로 쏟아져 내리는 소나기를 만나야 무성해집니다. 회개하면 깨우침이 옵니다. "사람이 주님께로 돌아서면 그 너울은 벗겨집

• 3세기의 한 극단적인 그리스도교 분파로서, 한 번 실족한 그리스도인에게도 대단히 엄격했던 것으로 유명하다.

니다."고후 3:16 일찍이 유대인들의 눈을 가렸던 것과 같은 무지의 너울이 회개로 벗겨질 것입니다. 회개는 사랑의 불을 지핍니다. 눈물 많은 마리아가 사랑도 많았습니다.눅 7:47 하나님께서는 이와 같은 슬픔의 샘을 잘 보존하시어 성령의 열매를 맺도록 물을 대십니다.갈 5:22-23

8. 회개는 현세적인 축복을 불러옵니다

예언자 요엘은 사람들에게 회개를 촉구하면서 세속적으로 유익한 것들에 대한 약속을 이야기했습니다. "옷을 찢지 말고 마음을 찢어라. 주 너희의 하나님께로 돌아오너라.……주님께서 백성에게 대답하셨다. '내가 너희에게 곡식과 포도주와 올리브기름을 주어서 아쉬움이 없도록 하겠다.'"욜 2:13, 19 우리가 펌프에 물을 붓고 펌프질을 하면 나오는 것은 물뿐이지만, 하나님의 병에 눈물을 쏟아부으면 거기서는 포도주가 나옵니다. "내가 너희에게 곡식과 포도주와 올리브기름을 주겠다." 죄는 땅의 소출을 망쳐 버립니다. "너희는 씨앗을 많이 뿌려도 얼마 거두지 못했으며."학 1:6 하지만 회개하면 석류 알이 실하게 차고 포도송이가 굵어집니다. 하나님의 병을 채우십시오. 그분께서 여러분의 바구니를 채우실 것입니다. "전능하신 분에게로 겸손하게 돌아가면 너는 다시 회복될 것이다."욥 22:23

9. 회개는 한 나라가 받을 심판을 저지합니다

하나님께서 한 나라를 멸하려 하실 때는 회개하는 죄인이 그분의 손을 잡아 만류합니다. 천사가 아브라함을 만류하듯이 말입니다.^{창 22:12} 니느웨가 회개하자 하나님께서 후회하셨습니다. "하나님께서 그들이 뉘우치는 것, 곧 그들이 저마다 자기가 가던 나쁜 길에서 돌이키는 것을 보시고 뜻을 돌이켜 그들에게 내리시겠다고 말씀하신 재앙을 내리지 않으셨다."^{욘 3:10} 명백히 밖으로 드러나는 회개로 인해 진노가 연기되고 차단되었습니다. 아합은 목숨을 팔아 가면서까지 사악한 일을 행했습니다. 하지만 그가 금식을 하며 자기 옷을 찢자 하나님께서 엘리아에게 말씀하셨습니다. "나는 그가 살아 있는 동안에는 그에게 재앙을 내리지 않고."^{왕상 21:29} 옷을 찢어서 한 나라의 심판을 차단했을진대 마음을 찢으면 어찌 되겠습니까?

10. 회개하면 하늘에 기쁨이 있습니다

천사들도, 말하자면, 축일을 지킵니다. "이와 같이 회개하는 죄인 한 사람을 두고 하나님의 천사들이 기뻐할 것이다."^{눅 15:10} 찬양이 하늘의 음악이라면 회개는 하늘의 기쁨입니다. 사람들이 구원의 손길을 마다하고 죄 안에 갇히면 마귀들이 기뻐합니다. 하지만 한 영혼이 회개하여 그리스도께 돌아가면 천사들이 기뻐합니다.

11. 우리의 죄 때문에 그리스도께서 큰 희생을 치르셨습니다

우리의 죄로 인해 그리스도께서 얼마나 큰 희생을 치르셨는지 헤아려 본다면 눈물이 나지 않을 수 없을 것입니다. 그리스도께서는 바위이십니다.^고전 10:4 그분의 두 손이 못으로 뚫리고 그분의 옆구리가 창에 찔렸을 때, 이 바위가 내리침을 당했고 거기서 물과 피가 쏟아져 나왔습니다. 그리스도께서는 우리를 위해 이 모든 것을 견뎌 내셨습니다. "기름을 부어서 세운 왕이 부당하게 살해되고."^단 9:26 우리는 달콤한 금단의 열매를 맛보았지만 그리스도께서는 신 포도주와 쓸개즙을 맛보셨습니다. 우리는 온몸으로 죄를 짓고 그분께서는 온몸으로 피를 쏟으셨습니다.

고난받으시는 그리스도를 우리가 마른 눈으로 쳐다볼 수 있습니까? 우리의 죄로 인해 그리스도께서 슬픔의 사람이 되셨으니 우리 또한 슬프지 않겠습니까? 우리의 극악무도함으로 그리스도께서 피를 흘리셨으니 우리가 마땅히 눈물을 흘려야 하지 않겠습니까? 아직도 우리가 죄를 붙들고 놀며 그리스도의 상처를 할퀴어야 합니까? 오, 우리가 회개하여 우리의 죄를 다시 십자가에 못 박았으면 좋겠습니다! 유대인들이 빌라도에게 말하기를, 예수를 놓아주면 황제의 친구가 아니라고 했습니다.^요 19:12, 한글성경 "황제의 충신" 우리가 우리의 죄를 십자가에 못 박지 않고 그냥 놓아주면 예수의 친구가 아닙니다.

12. 하나님께서 우리에게 보내시는 모든 고통의 목적이 바로 이 회개에 있습니다

육신의 질병이든 재산의 상실이든 하나님께서 우리에게 고통을 보내심은 우리로 죄를 깨달아 회개의 눈물을 흘리게 하려는 것입니다. 이스라엘 백성들을 겸손하게 하려는 목적이 아니라면 무슨 까닭으로 하나님께서 그들을 불뱀이 들끓는 광야에서 헤매게 하셨습니까?^{신 8:2} 회개를 가르치기 위함이 아니라면 무슨 까닭으로 하나님께서 므낫세를 몰락시켜 그의 금관을 벗기고 쇠사슬로 족쇄를 채우셨습니까? "므낫세는 고통을 당하여 주 하나님께 간구하였다. 그는 조상의 하나님 앞에서 아주 겸손해졌다.……그제서야 므낫세는 주님만이 하나님이시라는 것을 깨달았다."^{대하 33:12-13} 무기력증에 걸린 사람에게는 열을 이용한 치료법이 효과가 좋습니다. 마찬가지로, 양심의 무기력증에 걸린 사람을 치료하기 위해 하나님께서는 어떤 식으로든 뜨거운 재난을 내리십니다. 그래야 화들짝 놀라서 회개하고 당신께 돌아온다는 것입니다.

13. 우리의 슬픔의 날은 곧 끝날 것입니다

우리의 눈에서 몇 차례 소나기가 쏟아져 내린 뒤에는 영원한 햇빛이 비칠 것입니다. 그리스도께서 당신 백성들에게 눈물을 닦으라고 손수건을 주실 것입니다. "하나님께서 그들의 눈에서 눈물을 말끔히 씻어 주실 것입니다."^{계 7:17} 그리스도인들이여, 여러분은 머지않아 찬송의 옷을 입게 됩니다. 베옷을 벗고 흰옷으로 갈아입게 됩니다. 한숨 대신 함성을 내지르고, 신음 대신 찬송을 부르며, 눈물 대신 생명수를 얻게 됩니다. 비둘기의 울음은 지나갈 것이며, 새들이 노래하는 때가 올 것입니다. 이번 항목은 자연스럽게 다음 항목과 연결됩니다.

14. 회개하면 기쁘고 영광스러운 상급이 따릅니다

"이제 여러분은 죄에서 해방을 받고 하나님의 종이 되어서 거룩함에 이르는 삶의 열매를 맺고 있습니다."롬 6:22 무화과나무의 잎과 뿌리는 쓰지만 열매는 답니다. 과육에 비하면 회개가 쓴 것 같습니다. 하지만 그 열매를 보십시오. 영원한 생명입니다. 회교도들이 죽어서 간다고 하는 낙원이 있습니다. 산해진미와 금은보화가 넘치며, 비단옷과 자색옷을 입는다고 합니다. 천사들이 은잔에 포도주를 따라 주고 금접시에 요리를 담아 와서 시중을 들어 준다고 합니다. 이는 쾌락주의자들의 천국입니다. 하나님의 참된 낙원에는 놀라운 기쁨과 진귀한 음식이 있는데, 이는 "눈으로 보지 못하고……사람의 마음에 떠오르지 않은 것들"입니다.고전 2:9 하나님께서는 회개하는 이들을 초상집에서 잔칫집으로 데리고 가실 것입니다. 거기서는 영광스러운 것이 아니면 볼 것이 없고 노랫소리가 아니면 들을 것이 없으며 사랑의 열병이 아니면 아플 것이 없습니다. 흠 없는 거룩과 말할 수 없는 기쁨이 있습니다. 성도들은 외로웠던 지난 시간들을 잊고 하나님 안에서 위로를 받으며 거룩한 즐거움의 강에 몸을 담글 것입니다.

오, 그리스도인들이여! 이와 같은 상급에 비해 여러분의 의무는 어떠합니까? 여러분이 명령받은 회개와 여러분을 위해 준비된 영광의 불균형이 얼마나 극심합니까? 옛날 로마에는 각자 소유하고 있는 샘을 왕관으로 치장하는 축일이 있었습니다. 하나님께서는 눈물의 샘이었던 머리에 왕관을 씌워 주실 것입니다. 변화산 장면에 희미하게나마 예시된바,마 17장 베드로와 요한이 황홀경 속에서 보았던 것과 같은 영광에 우리가 장차 둘러싸일진대 어느 누가 이 초상집에 잠시 거하는 것을 마다하겠습니까? 값없는 은혜로 주시는 이 상급은 너무도 크고 깊어서 여기서는 그 영광을 스치듯이밖에는 볼 수 없으니, 우리는 마땅히 인내하며 조금 더 오래 사는 것에 만족해야 합니다. 오, 복된 회개여! 어둠 뒤편에 그토록 밝은 면이 있고 그 쓴잔의 밑바닥에 그토록 단 설탕이 가라앉아 있도다!

15. 회개하지 않는 것은 악합니다

마음 가운데 최악은 굳은 마음입니다. 이 마음은 돌과 같은 마음이라고 합니다.[겔 36:26] 차라리 쇠와 같다면 용광로에 넣어서 녹일 수나 있지만, 돌은 불 속에 던져도 녹지 않고 아마 여러분의 얼굴에 튀기나 할 것입니다. 회개하지 않는 태도는 그리스도께서 탄식하시는 죄입니다. "예수께서 노하셔서 그들을 둘러보시고 그들의 마음이 굳어진 것을 탄식하시면서."[막 3:5] 의사가 기분 나빠 하는 것은 질병이 아니라 자신이 지어 주는 약을 무시하는 태도입니다. 그리스도께서 노하시고 슬퍼하시는 것은 우리의 죄가 아니라 당신께서 처방하시는 회개의 약을 거부하는 태도입니다. 이러한 태도가 이세벨의 죄를 키웠습니다. "내가 그에게 회개할 기회를 주었으나 그는 자기 음행을 회개하려 하지 않았다."[계 2:21] 굳어서 단단해진 마음에는 어떠한 도장도 찍히지 않습니다. 어떠한 신앙의 의무도 수용하지 못하는 것입니다. 스티븐 가디너*가 임종의 자리에서 슬픈 말을 남겼습니다. "나는 베드로와 같이 우리 주님을 부인했지만 베드로와 같이 회개할 수가 없구나." 오, 완고한 마음의 역병이여! 돌로 변한 바로의 마음은 피로 변한 강물보다 악했습니다. 다윗에게는 역병과 칼과 굶주림의 선택이 놓여 있었지만, 아마도 그는 이 세 가지 심판을 모두 선택할지언정 굳은 마음을 선택하지는 않았을 것입니다. 회개하지 않는 죄인은 달래어도 소용없고 협박해도 소용없습니다. 베드로처럼 울지 않는 자들은 유다처럼 울게 될 것입니다. 굳은 마음은 모루와 같으니, 이제 하나님의 정의의 망치가 영원히 내리칠 것입니다.

16. 회개의 마지막 동기는 심판의 날이 다가오고 있다는 것입니다

사도가 이렇게 직접 주장합니다. "하나님께서는 무지했던 시대에는 눈감아 주셨지만 이제는 어디에서나 모든 사람에게 회개하라고 명하십니다. 그것은 하나님께서 세계를 정의로 심판하실 날을 정해 놓으셨기 때문입니다."^{행 17:30-31} 이제 심판의 날이 오면 돌 같은 마음도 피를 흘릴 수밖에 없습니다. 재판이 코앞인데 도둑이 계속 도둑질을 해야 하겠습니까? 심판 날이 그토록 가까운데 죄인이 계속 죄를 지어야 하겠습니까? 여러분은 죄를 변호할 수도 없고 감출 수도 없습니다. 게다가 여러분의 모든 죄가 하나님의 명부에 기록되고 여러분의 이마에 새겨지면 어찌

• 로마 가톨릭 주교로서 16세기 종교개혁의 주요한 적대자였으며, 개신교도 화형 처벌법의 재도입을 촉구했다.

합니까? 오, 무서운 날이여, 예수 그리스도께서 법복을 입으시고 죄인을 향해 말씀하실 것입니다. "앞으로 나와서 너에 대한 고발 내용을 해명하라. 너의 모든 욕설과 음행, 끝내 회개하지 않는 네 태도에 대해 할 말이 있느냐?" 오, 그러면 죄인은 얼마나 무섭고 떨리겠습니까! 유죄가 확정되면 그는 이렇게 슬픈 선고를 들어야 합니다. "내게서 떠나가라!" 그렇게 자신의 죄를 회개하지 않았던 자는 자신의 어리석음을 후회할 것입니다. 하나님께서 사람들의 죄악을 심판하실 시간이 다가오고 있을진대, 이보다 화급한 회개의 동기가 또 어디 있겠습니까! 회개한 영혼은 마지막 날에 근심 없이 고개를 들고, 심판관께서 직접 서명하신 사면장을 받게 될 것입니다.

chapter **08.**
신속한 회개를 권고함

 두 번째 권고로 신속한 회개를 촉구하고자 합니다. "하나님께서는……이제는 어디에서나 모든 사람에게 회개하라고 명하십니다."행 17:30 주께서는 철지난 늦가을에 드리는 과실은 받지 아니하실 것입니다. 하나님께서는 아직 만발한 인생의 봄을 바치는 이들, 말하자면 일찍부터 회개하는 이들을 사랑하십니다. 새벽에 맺힌 이슬처럼 일찍 흘리는 눈물이 더 영롱하고 아름답습니다. 오, 그러니 여러분 인생의 찌꺼기를 하나님께 드릴 생각은 맙시다. 그분께서 여러분에게 그분의 잔에 남은 찌꺼기를 주실까 두렵습니다! 여러분이 하나님의 신속한 자비를 원하듯 여러분 자신도 신속한 회개를 보여 드려야 합니다. "임금님의 명령이 너무도 급하여서."삼상 21:8 그러므로 회개가 급합니다.
 될 수 있는 한 회개를 미루고 늦추려는 것이 우리의 본성입니다. 우리는 유다 백성들처럼 말합니다. "때가 되지 않았다."^{학 1:2} 사람이 아무리 악해도 고치겠다고 결심하기만 하면 아직 늦은 것이 아닙니다. 그런데도 사람들은 질질 끌고 미루다가 마침내는 아무리 결심해도 소용없는 순간에 이르고 맙니다. 회개하겠다고 결심했지만 때를 놓쳐서 많은 사람들이 지금 지옥에 있습니다. 사탄은 어떻게든 사람들의 회개를 저지하려고 합니다. 사람들이 개심을 진지하게 고려하면 사탄이 알고 조금 더 기다려 보라고 이릅니다. "이 반역자, 곧 이 죄는 어차피 죽을 텐데 반드시 지금 죽일 필요는 없지 않은가." 이런 식으로 마귀는 죄에 대하여 집행유예를 얻어 냅니다. 이번 법정에서는 사형당하지 않는 것입니다. 사람들은 이처럼 끝끝내 미루다가 죽음에게 붙들립니다. 애석하게도 할 일을 마치지 못한 채 말입니다. 그러므로 나는 몇 가지 적절한 주장을 제시해 신속한 회개를 촉구하려 합니다.

1. 지금이 회개할 때이며, 모든 것은 때가 맞아야 가장 좋습니다

"지금이야말로 은혜의 때요."^{고후 6:2} 하나님께서 지금 회개하는 자에게 자비를 보이려 하십니다. 손을 내밀어 베푸시는 것입니다. 왕들에게는 진료를 받는 날이 지정되어 있습니다. 우리의 영혼에게는 지금이 치유의 날입니다. 지금 하나님께서 흰 깃발을 내걸고 죄인들과 평화교섭에 임하려 하십니다. 군주가 대관식을 하게 되면 왕권의 위엄을 보이는 행위로서 하사금을 내리고 사면을 선포하며 수로를 포도주로 채웁니다. 지금 하나님께서 회개하는 죄인들에게 사면을 선포하십니다. 지금 복음의 수로에 포도주가 흐릅니다. 지금이야말로 은혜의 때입니다. 그러므로 지금 와서 하나님과 화해하십시오. 회개로써 여러분의 죄악과 단절하십시오. 때를 잡을 줄 알아야 지혜롭습니다. 농부는 때를 살펴 씨를 뿌립니다. 우리의 영혼에게는 지금이 파종하는 때입니다.

2. 빨리 회개할수록 여러분이 죄에 대하여 책임질 일이 적어집니다

어떤 늙은 죄인이 임종의 자리에 누워 있는데 양심이 깨어나기 시작합니다. 그의 절규가 들리는 듯합니다. "그동안 내가 지었던 모든 죄가 악령들처럼 내 임종의 자리로 몰려드는데, 나는 사면장이 없구나. 이전에 나를 그토록 유혹하던 사탄이 이제는 고발자가 되어 여기 와 있는데, 나는 변호자가 없구나. 이제 나는 하나님의 심판대 앞으로 끌려가 최후의 선고를 받으리라!" 이 사람의 처지가 얼마나 비참합니까. 그는 죽기도 전에 이미 지옥에 있습니다! 하지만 여러분의 악행을 일찍 회개하면 다음과 같은 특권이 있으니, 책임질 일이 그만큼 적어진다는 것입니다. 아니, 정확히 말하자면 책임질 것이 아예 없습니다. 그리스도께서 여러분 대신 책임지실 것입니다. 여러분의 심판자께서 여러분의 변호자가 되십니다.요일 2:1 그리스도께서 이처럼 말씀하실 것입니다. "아버지, 이 사람은 죄인이었으나 마음을 찢어 회개했습니다. 이 사람이 아버지의 정의에 대해 빚진 것이 있거든 그 빚을 내게로 돌려주십시오."

3. 회개가 빠를수록 하나님께 더 많은 영광을 돌릴 수 있습니다

여기서 살아가는 동안 쓸모 있게 사는 것이 우리 삶의 목적입니다. 삶의 목적을 잃느니 목숨을 잃는 편이 낫습니다. 오랫동안 악마에게서 급료를 받고 살다가 다 늦게 회개하는 사람들은 포도원에서 많은 일을 할 능력이 없습니다. 십자가에 달린 강도는 하나님을 위해 바울처럼 봉사할 수는 없었습니다. 하지만 일찍 죄에서 돌아서면 우리는 하나님께 우리 삶의 첫 열매를 드리게 됩니다. 우리는 그리스도를 위하여 물질을 쓰고 우리 몸까지도 바칩니다. 우리가 하나님을 위하여 일을 많이 할수록 죽음의 소망이 커지고 죽음 또한 더더욱 감미로워집니다. 종일토록 힘을 써 일한 사람은 밤이 와도 걱정 없이 집으로 가서 쉽니다. 하나님의 영광을 위하여 평생을 바친 이들은 무덤 속에서 단잠을 잘 것입니다! 우리가 하나님을 위하여 많은 일을 할수록 보상 또한 많아집니다. 그리스도께서는 한 므나로 열 므나를 번 종을 칭찬하실 뿐 아니라 승진시켜 주시기까지 합니다. "착한 종아, 잘했다.……열 고을을 다스리는 권세를 차지하여라."눅 19:17 다 늦게 회개한다 해서 우리가 면류관을 잃는 것은 아니겠으나 그 면류관이 가벼워지는 것은 분명합니다.

4. 여기서 더 회개를 미루면 결과가 위험합니다

죄가 무엇인지 헤아려 볼진대 회개를 미룬다는 것은 위험합니다. 죄는 독입니다. 독을 몸 안에 오랫동안 방치해 둔다는 것은 위험합니다. 죄는 상처입니다. 상처를 치료하지 않으면 괴사가 일어 죽습니다. 회개로 죄를 치료하지 않으면 양심이 썩어 죽습니다. 왜 어떤 자들은 악의 장막에 거하기를 사랑합니까? 그들은 사탄의 세력에 붙들린 자들입니다.^{행 26:18} 적의 막사에 오래 머무는 것은 위험합니다.

회개를 미루는 것이 위험한데, 그것은 죄 안에 머무는 기간이 오래될수록 회개라는 이 행위가 점점 더 어려워지기 때문입니다. 회개를 미루면 죄가 강해지고 우리 마음이 굳어지며, 마귀의 구속력은 더욱 커집니다. 심은 지 얼마 안 된 나무는 쉽게 뽑을 수 있지만, 그 나무가 땅 속 깊이 뿌리 내리면 여럿이 대들어도 제거할 수 없습니다. 죄 또한 뿌리가 깊으면 뽑아내기 어렵습니다. 오랫동안 결빙된 얼음은 쉽게 깨지지 않습니다. 사람이 안일에 갇혀 얼어붙은 세월이 길수록 그의 마음 또한 쉽게 깨지기 어렵습니다. 악을 품고 있던 기간이 오래될수록 새로운 탄생의 고통 또한 심해질 수밖에 없습니다. 한번 자리 잡은 죄는 쉽게 떨쳐 낼 수 없습니다. 죄가 죄인에게 와서 따지는데 큰아들이 제 아버지에게 와서 따지듯 합니다. "나는 이렇게 여러 해를 두고 아버지를 섬기고 있고, 아버지의 명령을 한 번도 어긴 일이 없는데,"^{눅 15:29} "당신은 지금 나를 쫓아내려 합니까? 내 덕택에 그토록 많은 즐거움을 누리고는 이제 와서 쫓아낸다면 늙고 나이 먹은 나는 뭡니까?" 죄가 이처럼 인정에 호소하는 모습을 보십시오. 그것은 표범의 반점입니다.^{렘 13:23}

회개를 미루는 것이 위험한 이유는 다음 세 날의 기한이 곧 끝나기 때문입니다.

첫째, 복음의 날이 끝납니다. 지금은 화창한 날입니다. 즐겁지만 빨리 지나갑니다. 예루살렘에 화창한 날이 있었지만 그날은 다 가고 말았습니다. "지금 너는 그 일을 보지 못하는구나."눅19:42 아시아의 교회들에도 복음의 날이 있었지만 결국에는 금촛대가 치워졌습니다. 영국에서 영광이 떠나가는 것을 본다면 슬플 것입니다. 무슨 마음으로 우리가 복음을 따라 무덤까지 갈 수 있겠습니까? 복음을 잃느니 우리의 자유를(우리 시의 자치권을) 잃는 편이 훨씬 좋을 것입니다. "죽을 날이 얼마 남지 않은 것도 깨닫지 못한다."호7:9 그렇다고 지금 영국에서 복음의 해가 졌다고 말하려는 것은 아닙니다. 하지만 그 복음의 해를 구름이 가리고 있는 것만큼은 분명합니다. 이 슬픈 말씀을 보십시오. "하나님께서는 너희에게서 하나님의 나라를 빼앗아서."마21:43 그러므로 회개를 미루는 것은 위험합니다. 복음의 시장이 파하고 묵시가 그칠까 두렵습니다.

둘째, 개인에게 허락된 은혜의 날이 끝납니다. 하나님께서 여러분에게, 은혜의 수단은 더 이상 소용이 없으니 이제 규례는 아이를 배지 못하는 태요 젖이 나지 않는 가슴이 되리라고 말씀하시는 날이 오면 어찌합니까?호9:14 이러한 말씀이 떨어질 때까지 회개를 미룬다면 슬픈 일 아니겠습니까? 물론 자신에게 허락된 은혜의 날이 지나갔는지 정확하게 알기는 어렵습니다만, 아래의 두 가지 확실한 징후가 보인다면 마땅히 두려워해야 합니다.

(1) 양심이 설교를 그칠 때. 양심은 둘도 없이 절친한 설교자입니다. 설득하기도 하고 꾸짖기도 합니다. 그래서 나단이 다윗

에게 말한 것처럼 말합니다. "당신이 그 사람이라."삼하 12:7, 개역개정 하지만 사람들이 양심이라는 이 설교자를 잡아 가두니 하나님께서 양심에게 말씀하십니다. "더 이상 설교하지 말라. 불의를 행하는 자는 그대로 불의를 행하게 두고, 더러운 자는 그대로 더럽게 두라."계 22:11 이는 그 사람 개인의 은혜의 날이 지나갔다는 치명적인 징후입니다.

(2) 영적인 무기력증에 걸려 어떠한 자극으로도 정신을 차리지 못할 때. 주님께서 잠드는 영을 보내셔서 그 사람을 깊은 잠에 빠지게 하실 때가 있습니다.사 29:10 이는 그의 은혜의 날이 지나갔다는 슬픈 전조입니다. 그러므로 은혜의 날이 거의 끝나 가는 이때 회개를 미룬다는 것은 얼마나 위험한 일입니까!

셋째, 생명의 날이 끝납니다. 우리가 내일도 살아 있으리라는 보장이 있습니까? 우리는 지금 서둘러 행군하며 세상을 벗어나고 있습니다. 우리는 무대에서 사라져 가는 중입니다. 우리의 생명은 잠시 후에 꺼질 촛불입니다. 인생은 들꽃과 같고, 풀보다도 빨리 시들어 버립니다.시 103:15 우리의 일생은 없는 것이나 마찬가지입니다.시 39:5 삶은 날아가는 그림자일 뿐입니다. 육신은 숨 한 줌 담긴 가죽부대인데, 질병이 이 가죽부대에 구멍을 내고 죽음이 그 한 줌 숨을 거두어 갑니다. 장면이 얼마나 순식간에 바뀌는지 모릅니다. 많은 처녀들이 혼인 예복을 입었다가 바로 그날 수의를 입고 말았습니다! 죽음이 이처럼 벼락같이 쳐들어오는데 회개를 미룬다는 것이 얼마나 위험합니까. 내일 회개하겠다 말하지 마십시오. 아퀴나스의 말을 기억합시다. 하나님께서는 회개하는 죄인을 용서하시지만 회개할 수 있도록 내일 하루를 더 주겠다는 약속은 하신 바 없다고 그는 말했습니다. 나는 스파르타 사람 아르키아스의 이야기를 알고 있습니다. 그가 술자리에 있는데 한 사람이 중요한 편지를 들고 와서 즉시 읽어 보라고 권했습니다. 아르키아스는 대답했습니다. "중요한 일은 내일 하겠다." 그는 그날 살해당했습니다. 사람이 은실을 잣고자 해도 이처럼 죽음이 와서 끊어 버립니다. 스웨덴의 성직자 올라우스 마그누스가 진술하는바, 노르웨이의 새들은 다른 어떤 나라의 새들보다 빨리 날아간다고 합니다. 날갯짓의 속도가 빠르다는 뜻이 아닙니다. 노르웨이와 같은 기후 조건에서는 낮이 세 시간에 불과할 정도로 대단히 짧다는 사실을 그 새들이 본능적으로 알고 그만큼 더 서둘러서 둥지로 돌아간다는 것입니다. 우리도 그렇습니다. 인생이 얼마나 짧은지, 죽음이 얼마나 순식간에 찾아오는지 알고 있는 만큼 더더욱 서둘러 회개의 날개를 펴고 하늘로 날아가야 합니다.

하지만 이 갑작스러운 사태가 두렵지 않다고 말하는 사람들이 있습니다. 죽을 때가 되어 드러눕게 되면 회개하겠다는 것입니다. 나는 임종 직전의 회개를 썩 좋아하지는 않습니다. 몇 분에 불과한 짧은 시간에 구원을 걸고 모험을 하는 것은 너무도 위험합니다. 자리에 드러누울 때까지 회개를 미루겠다는 사람들은 다음의 네 가지 질문에 답해 보십시오.

(1) 여러분이 과연 자리보전하고 누우리라고 어떻게 장담합니까? 죽음이 언제나 숙환으로 경고사격을 하는 것은 아닙니다.

어떤 이들은 드러누울 틈도 없이 죽음에 붙들립니다. 하나님께서 지금 이 순간 여러분에게 생명을 내놓으라고 소환장을 보내시면 어찌합니까?

(2) 다행히 앓아눕게 되었다고 합시다. 여러분이 과연 그 상황에서도 제정신을 유지하리라고 어떻게 장담합니까? 앓아눕게 되면 정신이 혼미해지는 경우가 많습니다.

(3) 다행히 정신이 온전하다고 합시다. 그렇다고 해서 회개할 마음이 생기리라고 어떻게 장담합니까? 질병은 사람의 육체와 정신을 심히 혼란스럽게 하므로 그 상황에서는 자신의 영혼을 돌아볼 마음이 생기지 않습니다. 사람이 병중에 있으면 유언도 제대로 행하기 어려운데 하나님과의 화해는 더더욱 어려울 것입니다. 사도가 말했습니다. "여러분 가운데 병든 사람이 있습니까? 그런 사람은 교회의 장로들을 부르십시오."^{약 5:14} 사도는 지금, 아픈 사람이 있으면 스스로 기도하라고 말하는 것이 아니라 장로들을 불러서 그를 위해 기도하게 하라고 말하고 있습니다. 병중에 있는 자는 기도하거나 회개할 능력이 부족합니다. 말하자면 그러한 일들을 힘겨워할 가능성이 대단히 높습니다. 육신의 조화가 깨지면 영혼의 기도 소리 또한 갈라지게 됩니다. 사람이 병상에 있을 때는 회개하기보다는 조바심에 휘둘리기가 더 쉽습니다. 우리가 성경에서 읽는바, 네 번째 대접이 쏟아져 하나님께서 땅 위의 거주자들을 치시고 불로 사르셨음에도 그들은 "하나님의 이름을 모독하였고 회개하지 않았고 하나님께 영광을 돌리지 않았습니다."^{계 16:9} 이처럼 주께서 당신의 대접을 쏟아

죄인의 육신을 불로 태우시면, 죄인들은 회개하는 것이 아니라 오히려 불경죄를 범하기가 더 쉽습니다.

(4) 여러분이 병들어 누울 때까지 회개를 미루기로 했을진대, 하나님께서 그 절체절명의 시기에 정확히 맞추어 회개의 은혜를 주시리라고 어떻게 장담합니까? 대체로 주께서는 건강할 때 회개를 무시하는 자들에게 병들어서 마음이 강퍅해지는 벌을 내리십니다. 여러분은 평생토록 하나님의 성령을 거부했습니다. 그럼에도 여러분이 부르면 그분께서 와 주시리라고 확신합니까? 여러분은 이미 첫 물때를 놓쳤고, 어쩌면 성령의 만조를 두 번 다시 못 볼 수도 있습니다. 이 정도 했으면 회개를 서두름이 마땅합니다. 임종의 자리를 너무 믿으면 안됩니다. "그대는 겨울이 되기 전에 서둘러 오십시오."딤후 4:21 질병과 죽음의 겨울이 오고 있습니다. 서둘러 회개하고, 겨울이 오기 전에 대비합시다. 오늘 하나님의 음성을 들읍시다.히 3:7

chapter 09.
회개에 대한 평가와 회개자들에게 주는 위로

회개했다고 말하고 싶은 사람은 사도가 고린도후서 7:11에 밝혀 놓은 회개의 일곱 가지 결과에 비추어 스스로를 진지하게 평가해 보기 바랍니다.

1. 주의함

그리스어로는 "세심하게 주의함" 혹은 "모든 죄의 유혹을 조심스럽게 피함"을 뜻합니다. 참된 회개자는 모세가 뱀을 피해 달아나듯 죄를 피해 달아납니다.

2. 자신을 깨끗이 함

그리스어로는 "변호"입니다. 의미는 이렇습니다. 즉, 아무리 주의를 기울여도 우리는 유혹의 힘으로 인해 무심코 죄에 빠질 수 있습니다. 이처럼 죄에 빠졌지만 회개하는 영혼은 이제 그 죄로 인해 양심이 곪도록 놓아두지 않고 스스로를 심판합니다. 그는 주님 앞에서 눈물을 쏟아 냅니다. 그리스도의 이름으로 자비를 간청하고 용서를 얻어 낼 때까지 떠나지 않습니다. 이제 그는 죄에서 벗어나 양심이 깨끗하고, 따라서 사탄을 상대로 자신을 변호할 수 있습니다.

3. 의분

죄를 회개하는 이의 마음은 죄에 대해 강하게 반발하는데, 이는 죽도록 미운 사람을 보았을 때 피가 솟구치는 것과 같습니다. 의분은 죄로 인해 안절부절못하는 마음의 상태입니다. 회개자는 스스로에게 화를 냅니다. 다윗은 자신을 일러 바보요 짐승이라고 합니다.^{시 73:22} 우리가 죄로 인해 우리 자신과 싸울 때보다 더 하나님께서 우리로 인해 기뻐하시는 때는 없습니다.

4. 두려움

부드러운 마음이란 모름지기 떨리는 마음입니다. 회개자는 죄의 쓴맛을 보았습니다. 이 말벌에게 쏘이고 이제 하나님과 화해하기를 희망하는 그는 더 이상 죄 근처에 가는 것을 두려워합니다. 회개하는 영혼은 두려움이 많습니다. 그는 생명보다 소중한 하나님의 사랑을 잃을까 두려워합니다. 삼가는 마음이 없어 구원에 이르지 못할까 두려워합니다. 마음이 부드러워졌지만 회개의 눈물이 얼어붙어 또 다시 죄 안에서 굳어질까 두려워합니다. 늘 두려워하는 마음으로 사는 사람은 복을 받습니다.잠 28:14 하지만 죄인은 겁이 없는 것으로 지음을 받은 괴물과 같습니다.욥 41:33 회개하는 사람은 두려워서 죄를 짓지 않지만 은혜 없는 사람은 죄를 짓고도 두려워하지 않습니다.

5. 열망

신 양념이 입맛을 자극한다면 회개의 쓴 풀은 열망을 자극합니다. 하지만 회개자가 열망하는 것은 무엇입니까? 그는 죄에 대항하는 더 큰 능력을 열망하고 죄로부터 해방되기를 열망합니다. 사실, 회개자는 사탄에게서 벗어나기는 했지만 탈옥한 죄수처럼 여전히 발목에 족쇄를 차고 있습니다. 그는 하나님의 길에서 그다지 자유롭고 빠르게 걷지 못합니다. 그러므로 그는 죄의 족쇄를 벗어던지고 싶어 합니다. 그는 죄에서 해방되고자 합니다. 그는 바울과 같이 외칩니다. "누가 이 죽음의 몸에서 나를 건져 주겠습니까?"롬 7:24 말하자면 그는 만물이 그 중심으로 열망하듯 그리스도와 함께 있기를 열망합니다.

6. 열정

열망과 열정이 하나가 되어 보여주는 사실이 있으니, 참된 열망은 열정적인 노력으로 결실을 본다는 것입니다. 회개자는 어떻게 구원의 일에 열심을 냅니까? 어떻게 그는 하늘나라를 강탈합니까?마 11:12 열정이 영광의 추구를 재촉합니다. 열정은 어려움을 만나 저항함으로 더 대범해져서 위험을 짓밟고 지나갑니다. 회개자가 어떠한 낙심과 반대에도 굴하지 않고 신실한 슬픔을 꿋꿋이 유지할 수 있는 것도 열정 때문입니다. 열정은 미친 듯이 하나님의 영광을 위하게 합니다. 회심 이전의 바울은 미친 듯이 성도들을 적대하는 자였으나^{행 26:11} 회심 이후에는 그리스도로 인해 미친 자라는 소리를 들었습니다. "바울아, 네가 미쳤구나." ^{행 26:24} 하지만 그것은 열정이지 미친 것이 아니었습니다. 열정은 우리의 정신과 신앙적 의무에 활력을 부여합니다. 열정은 희생 제물을 사르는 불과 같이 신앙의 열기를 고취합니다.^{롬 12:11} 두려움이 죄를 억제하는 고삐라면 열정은 신앙의 의무를 재촉하는 박차입니다.

7. 응징

참된 회개자는 거룩한 적개심을 가지고 자신의 죄를 추적합니다. 그는 두 눈을 잃은 삼손이 블레셋 사람들에게 복수하듯 죄를 죽이려 합니다. 그는 유대인들이 그리스도를 대우한 방식 그대로 죄를 대우합니다. 그래서 죄에게 쓸개와 신 포도주를 마시게 합니다. 자신의 정욕을 십자가에 못 박습니다.^{갈 5:24} 하나님의 참된 자녀는 그분의 명예를 가장 많이 더럽힌 죄들을 무엇보다 강하게 응징하고자 합니다. 오른손으로 교황의 문서에 서명한 크랜머는 자기 자신을 응징했습니다. 그 오른손을 먼저 불 속에 넣었던 것입니다(그가 1536년 옥스퍼드에서 화형당할 때 있었던 일). 다윗은 죄로 자신의 침상을 더럽혔지만 그 후 회개의 눈물로 그 침상을 적셨습니다. 이스라엘은 우상숭배로 죄를 지었지만 그

후에는 자신의 우상들에게 수치를 안겼습니다. "너는 네가 조각하여 은을 입힌⋯⋯우상들을 부정하게 여겨 마치 불결한 물건을 내던지듯 던지면서."^{사 30:22} 죄 많은 여인 마리아는 음란한 시선을 던지며 눈으로 죄를 지었지만 이제 그 두 눈을 응징하려 합니다. 그래서 그리스도의 발을 눈물로 씻겨 드립니다. 그녀는 머리카락으로 죄를 지었습니다. 그것으로 남자들을 끌어들였던 것입니다. 이제 그녀는 그 머리카락으로 주님의 발을 닦아 드림으로써 응징합니다. 몇 시간씩이나 꾸미고 치장하는 용도로 거울을 그릇되게 사용했던 이스라엘 여인들이 그 후에는 헌신과 응징의 차원에서 그 놋거울을 하나님의 회막에 사용될 자재로 바쳤습니다.^{출 38:8} 신기한 기술 혹은 (고대 시리아어의 뜻대로) 마술을 사용하던 자들 또한 회개하게 되자 그들이 쓰던 책들을 가지고 나와 응징의 차원에서 모두 불살랐습니다.^{행 19:19}

회개의 복된 열매와 결실이 이와 같으니, 스스로 평가해 우리의 영혼에 이와 같은 일곱 가지 결실이 있다면 우리는 마침내 전혀 후회할 것이 없는 그 회개에 도달한 것입니다.^{고후 7:10}

∴

자신의 죄를 깊이 회개한 이들에게 당부의 말을 하고자 합니다. 여러분이 들어 알다시피 회개는 반드시 필요하고 또 좋은 것이지만, 회개에 너무 많은 가치를 부여하지 않도록 주의하십시오. 교황주의자들은 두 가지 오류를 범하고 있습니다.

첫째, 그들은 회개를 성례전으로 삼습니다. 그리스도께서는 결코 회개를 성례전으로 삼으신 바가 없습니다. 게다가 성례전에 효력을 부여하실 수 있는 분 외에 또 누가 성례전을 제정할 수 있단 말입니까? 회개는 외적인 표상이 없으므로 성례전이 될 수 없습니다. 표상 없는 성례전은 있을 수 없는 것입니다.

둘째, 그들은 회개를 공로로 여깁니다. 회개는 "더할 수 없이 적절하게" 면죄의 공로를 지니고 있다고 그들은 말합니다. 이는 중대한 오류입니다. 사실 회개는 자비를 얻을 수 있도록 우리를 준비시킵니다. 쟁기가 땅을 갈아서 씨앗을 받아들이기에 적합한 상태로 만들어 주듯 회개 또한 우리의 마음밭을 갈아서 용서를 얻기에 적합한 상태로 만들어 주지만, 그렇다고 회개 자체에 용서의 공로가 있는 것은 아닙니다. 하나님께서는 회개 없이는 우리를 구원하시지 않지만 회개 때문에 구원하시는 것도 아닙니다. 회개는 자격이지 이유가 아닙니다. 나는 회개의 눈물이 귀하다는 점은 인정합니다. 회개의 눈물은 그레고리의 말대로 희생제물의 기름이고, 바실의 말대로 영혼의 약이며, 버나드의 말대로 천사들의 음료입니다. 하지만 눈물이 죄를 사하는 것은 아닙니다. 우리는 눈물을 흘리며 죄와 결별할 뿐이며, 따라서 눈물은 죄를 사할 수 없습니다. 아우구스티누스가 잘 말했습니다. "나는 베드로의 눈물은 알아도 베드로의 속죄는 아는 바 없다." 그리스도의 피만이 죄를 사할 수 있습니다. 우리는 회개로 하나님을 기쁘시게 할 수는 있어도 죄의 빚을 갚을 수는 없습니다. 회개를 믿으면 결국 회개가 구주가 됩니다. 회개는 죄의 더러움을 씻어 내는 데 도움을 줄 수 있지만, 죄 자체를 씻어 내는 것은 그리스도의 피입니다. 그러니 회개를 우상화하지 맙시다. 죄로 인해 여러분의 마음에 상처를 입었다고 생각할 것이 아니라 오히려 여러분의 구주께서 상처 입으셨다는 점을 생각해야 합니다. 눈물로 그분께 말씀드리십시오. "주 예수님, 당신의 피로 나의 눈물을 닦아 주소서."

∴

이제 위로의 말씀을 드리겠습니다. 그리스도인들이여, 하나님께서 여러분에게 회개하는 마음을 주셨습니까? 그렇다면 여러분이 알아야 할 영원한 위로 세 가지가 있습니다.

1. 여러분은 죄를 용서받았습니다

죄를 용서받는다는 것은 그 자체로 복입니다.시 32:1 하나님께서는 용서하시고 또한 관을 씌워 주십니다. "주님은 너의 모든 죄를 용서해 주시는 분……사랑과 자비로 단장하여 주시는 분."시 103:3-4 회개하고 있다는 것은 이미 용서를 받았다는 뜻입니다. 그리스도께서 그 우는 여인에게 말씀하셨습니다. "이 여자는 그 많은 죄를 용서받았다."눅 7:47 부드러운 마음 위에 용서가 도장처럼 찍혔습니다. 죄로 인해 머리를 샘으로 삼아 울었던 이들이여, 그리스도의 옆구리가 이제 죄를 씻어 내는 샘이 될 것입니다.슥 13:1 회개했습니까? 하나님께서 여러분을 애초부터 죄를 짓지 않은 자인 듯 보십니다. 그분께서는 이제 친구요 아버지가 되십니다. 가장 좋은 옷을 꺼내 입혀 주실 것입니다. 이제는 마음이 누그러지셔서, 탕자의 아버지처럼 달려 나와 여러분의 목을 부여잡고 입맞춤하실 것입니다. 성경에서 죄는 구름에 비유됩니다.사 44:22 이 구름이 회개에 의해 흩어지는 순간 용서하시는 사랑이 햇빛처럼 쏟아져 내립니다. 바울은 회개하고 나서 자비를 얻었습니다. "하나님께서는 나에게 자비를 베푸셨습니다."딤전 1:16 마음에서 회개의 샘이 흐르면 하늘에서 자비의 샘이 흐릅니다.

2. 하나님께서 사면령을 내리실 것입니다

그분께서는 아예 망각하신 듯 죄를 용서하십니다. "내가 그들의 허물을 용서하고, 그들의 죄를 다시는 기억하지 않겠다."렘 31:34 여러분은 회개로 낮아졌습니까? 주께서는 여러분의 이전 죄 역시 책망하지 아니하실 것입니다. 베드로가 통곡한 뒤로 그리스도께서 그의 배신을 책망했다는 이야기를 우리는 결코 알지 못합니다. 하나님께서는 여러분의 죄를 바다 깊은 곳에 던지셨습니다.미 7:19 어떻게? 부표처럼 뜨도록 던지지 아니하시고 납덩이처럼 가라앉도록 던지셨습니다. 주께서 이제 재판하시는 방식으로 죄를 헤아리시는 일은 결코 없을 것입니다. 하나님께서는 죄를 용서하시되, 치부책에 기록한 빚을 삭제하시는 채권자로서 용서하십니다.사 43:25 마지막 날에 신실한 자들의 죄가 언급되지 않느냐고 묻는 이들이 있습니다. 주께서 그들의 죄를 기억하지 않겠다고 말씀하셨고, 지금 그들의 죄를 삭제하고 계십니다. 그러므로 그들의 죄가 언급된다 해서 그들에게 해가 될 일은 없습니다. 장부에 기록된 죄의 빚이 이미 말소되었으니 말입니다.

3. 이제 양심에 평화가 깃들 것입니다

오, 양심의 노래여! 양심은 이제 낙원이 되고, 그리스도인은 걱정 없이 거기 앉아 기쁨의 꽃을 땁니다.^{고후 1:12} 회개하는 죄인은 기도로 담대히 하나님 앞에 나아가 그분을 심판관이 아니요 아버지로 바라볼 수 있습니다. 이제 그는 하나님에게서 난 자이며 하나님 나라의 상속자입니다.^{눅 6:20} 그는 약속으로 둘러싸여 있습니다. 그 약속의 나무를 흔들자마자 벌써 열매가 떨어집니다.

결론적으로, 참된 회개자는 근심 없이 죽음을 바라볼 수 있습니다. 그의 삶은 눈물의 삶이었으니 이제 죽음이 오면 그 모든 눈물이 닦일 것입니다. 죽음은 멸망이 아니라 감옥으로부터의 해방일 것입니다. 회개하는 죄인들에게는 이처럼 크나큰 위로가 남아 있습니다. 회개하기 전에는 "회개"라는 그 쓰디쓴 단어를 견딜 수 없었지만 그 후로는 회개가 말할 수 없이 달았다고 루터는 말했습니다.

chapter **10.**

회개의 방해 요소를 제거함

회개를 촉진하는 수단들을 제시하기에 앞서 방해 요인들을 먼저 제거하고자 합니다. 이 대도시에서 물이 부족할 경우, 여러분은 수도관이 깨졌든 막혔든 급수를 방해하는 요인이 무엇인지 찾습니다. 마찬가지로 (우리에게 규례의 급수관이 있음에도) 회개의 눈물이 흐르지 않을 경우, 그 원인을 찾아야 합니다. 회개의 눈물이 흐르지 못하도록 방해하는 요인은 무엇입니까? 열 가지의 방해 요인이 있습니다.

1. 회개가 필요하다는 것을 깨닫지 못함

그들은 부족한 것이 없다며 하나님께 감사드리니 회개할 까닭을 알지 못합니다. "너는 풍족하여 부족한 것이 조금도 없다고 하지만."계3:17 육신에 이상을 느끼지 못하는 자가 약을 복용할 리 만무합니다. 이것이 바로 죄의 악독한 면입니다. 말하자면 죄는 우리를 병들게 할 뿐 아니라 우리의 분별력마저 흐려 놓습니다. 주께서 사람들에게 돌아오라고 명령하시자 사람들은 완강히 대꾸했습니다. "무슨 까닭으로 우리가 돌아가겠습니까?"말 3:7, 옮긴이 사역 이처럼 하나님께서 사람들에게 회개하라 명하시면, 사람들은 무엇 때문에 회개해야 하느냐고 대꾸합니다. 그들은 자신들이 그릇 행했음을 알지 못합니다. 분별력을 해치는 뇌졸중보다 심각한 질병은 없습니다.

2. 회개를 쉬운 것으로 여김

기도 몇 마디뿐입니다. 한숨 한 번 쉬고 "주여, 자비를 베푸소서" 하면 끝입니다. 이처럼 회개가 쉽다는 생각이 회개의 커다란 장애 요인입니다. 죄에 대범한 태도는 명백히 회개를 방해하고, 회개가 쉽다는 생각은 죄에 대범한 태도를 만들어 냅니다. 낚시꾼은 될 수 있는 한 낚싯줄을 멀리 던졌다가 다시 거두어들입니다. 마찬가지로 사람이 될 수 있는 한 죄를 지으며 갈 데까지 가다가 아무 때라도 회개하고 다시 돌아올 수 있다고 생각하면 필연적으로 악행에 대담해질 수밖에 없습니다. 하지만 아래의 내용을 잘 헤아려서, 회개가 쉽다는 이 그릇된 생각을 버립시다.

첫째, 악인은 산더미 같은 죄를 짊어지고 있는데, 과연 그 무게를 딛고 일어서기가 쉽겠습니까? 구원이 한 번의 도약으로 얻어집니까? 사람이 단숨에 죄를 벗어나 하늘로 뛰어오를 수 있습니까? 마귀의 품속에 있다가 느닷없이 아브라함의 가슴으로 건너뜰 수 있습니까?

둘째, 죄인에게는 회개에 저항하는 능력이 내재되어 있는데, 이 능력이 모두 동원될 경우 회개는 쉽지 않습니다. 육에 속한 사람의 모든 능력이 죄와 힘을 합쳐 이의를 제기합니다. "오히려 나는 이방 신들이 좋으니 그들을 쫓아다녀야 하겠습니다."렘 2:25 죄인은 그리스도와 천국을 잃을지언정 자신의 정욕을 포기하려 하지는 않을 것입니다. 죽음은 남편과 아내를 갈라놓을 수는 있어도 악한 자와 죄는 갈라놓지 못합니다. 이래도 회개가 쉽습니까? 천사들이 비록 무덤을 막은 바윗돌을 굴려 치웠으나, 사람의 마음을 막은 바윗돌은 하나님 한 분 외에는 어느 천사도 굴려 치울 수 없습니다.

3. 하나님께서 자비를 베풀어 주시리라는 생각

많은 이들이 바로 이 달콤한 꽃에서 독을 빱니다. 죄인들을 구원하려고 세상에 오신 그리스도께서딤전 1:15 뜻하지 않게 많은 이들이 멸망하는 계기가 되었습니다. 선택된 자들에게는 그리스도가 생명의 양식이지만 악한 자들에게는 "걸리는 돌"입니다.벧전 2:8 어떤 이들에게는 그분의 피가 다디단 음료이지만 또 어떤 이들에게는 마라의 쓴 물입니다. 어떤 이들은 이 의로운 태양으로 인해말 4:2 마음이 부드러워지지만 또 어떤 이들은 굳어집니다. 이렇게 말하는 사람들이 있습니다. "오, 그리스도께서 돌아가셨습니다. 그분께서 그렇게 나를 위해 모든 것을 이루셨으니, 나는 이제 할 일이 없고 가만히 앉아서 쉬기만 하면 됩니다." 이처럼 그들은 생명나무에서 죽음을 빨고 스스로 만들어 낸 구주로 인해 멸망합니다. 하나님의 자비 역시 그렇습니다. 그분의 자비가 뜻하지 않게 많은 이들이 멸망하는 원인이 되었습니다. 많은 이들이 하나님의 자비를 믿고 계속 죄를 짓지만, 왕의 관용을 이용해서 신하들이 반역해야 하겠습니까? 시편 기자가 말하는바, 하나님의 자비는 마땅히 경외하라고 있는 것이지 죄를 지으라고 있는 것이 아닙니다.^{시 130:4} 스스로 벌받을 일을 하고서 자비를 기대할 수 있습니까? 하나님께서는 넘치는 자비를 믿고 죄를 짓는 자들에게는 결코 자비를 보이지 아니하실 것입니다.

4. 무기력하고 나태한 기질

회개가 대단히 지루하고 많은 노력을 바쳐야 하는 것으로 여겨지고, 사람들은 찌꺼기처럼 가라앉아서 움직일 줄을 모릅니다. 그들은 울면서 천국에 가느니 졸면서 지옥에 가고 싶어 합니다. "게으른 사람은 밥그릇에 손을 대고서도 입에 떠 넣기를 귀찮아한다."^{잠 19:24} 말하자면 게으른 자가 애써 가슴을 치는 일은 없을 것입니다. 회개의 강물 위에서 힘들게 노를 저어 천국에 가느니 그냥 천국을 잃고 말겠다는 사람들이 많습니다. 노력과 근면 없이는 세상을 얻을 수 없는데, 이 세상보다 더 좋은 세상을 과연 노력 없이 얻을 수 있겠습니까? 게으름은 영혼의 암입니다. "게으른 사람은 깊은 잠에 빠지고."^{잠 19:15}

시인들이 재치 있게 지어낸 이야기가 있습니다. 헤르메스가 아르고스를 잠에 빠뜨려 마법의 지팡이로 아르고스의 모든 눈을 감긴 후 죽였다는 것입니다. 사탄도 마법으로 사람들을 나태의 잠에 빠뜨린 다음 멸망시킵니다. 어떤 이들이 보고하는바, 악어가 입을 벌리고 잠을 자는 동안 인도들쥐가 그 악어의 뱃속으로 들어가 내장을 파먹는다고 합니다. 사람도 그렇습니다. 세상 모르고 잠에 빠져 있다가 파먹힙니다.

5. 죄의 달콤한 즐거움

불의를 기뻐하고 즐거워하는 자들이 있습니다.^{살후 2:12} 죄는 독을 탄 설탕물입니다. 죄는 위험하지만 즐겁기도 하다는 것이 죄인들의 생각이고, 결국 죄인들의 마음에는 죄의 위험보다는 즐거움이 더 크게 작용합니다. 플라톤은 죄를 사랑하는 것이야말로 최악의 사태라고 했습니다. 죄를 즐거워하면 마음이 굳어집니다. 참된 회개에는 반드시 죄에 대한 슬픔이 있어야 합니다만, 자신이 사랑하는 것을 어떻게 슬퍼할 수 있겠습니까? 죄를 즐거워하는 사람이 죄에 대항하는 기도를 하기는 어렵습니다. 그는 이미 죄에 마음을 빼앗겨서 죄를 너무 일찍 떠나기가 두려울 뿐입니다. 삼손은 들릴라의 미모에 마음을 빼앗겼고, 이 여자의 무릎은 그의 무덤이 되고 말았습니다. 사람이 죄악을 무슨 설탕 덩어리나 되는 듯 혀 밑에 넣고 굴리게 되면 현혹당할 수밖에 없고, 결국 그것은 죽음으로 귀착됩니다. 죄의 즐거움은 비단으로 꼬아 만든 올가미입니다. 올가미가 아무리 화려하다 한들 우리가 그것을 목에 두르고 있다면 결국은 비참해지지 않겠습니까?^{삼하 2:26}

6. 회개가 우리의 기쁨을 앗아 가리라는 생각

하지만 그 생각은 착각입니다. 회개는 우리의 기쁨을 십자가에 처형하는 것이 아니라 명확히 구분해 주고, 역겨운 죄의 찌꺼기에서 우리의 기쁨을 분리해 냅니다. 세상적인 기쁨이란 다 무엇입니까? 웃음의 광란에 불과합니다. 세상의 소란스러운 웃음은 거짓 웃음과 다를 바 없습니다. 그 뒤에는 언제나 슬픔이 바짝 붙어 다닙니다. 세상의 기쁨은 마술사의 지팡이처럼 순식간에 뱀으로 변합니다. 하지만 신실한 회개는 삼손의 사자와 같이 그 안에 꿀이 고여 있습니다. 하나님의 나라는 의의 나라일 뿐 아니라 기쁨의 나라이기도 합니다.^{롬 14:17} 회개하는 이들보다 참된 즐거움을 누리는 이들은 없습니다.

기쁨의 기름은 주로 상한 마음 위로 쏟아집니다. "슬퍼하는 사람들에게……기쁨의 기름을 발라 주시며."^{사 61:3} 팔레르모 근처의 들판에는 무수한 갈대가 자라고 있는데, 이 갈대에는 설탕의 원료가 되는 단물이 들어 있습니다. 회개하는 마음은 상한 갈대이니, 이 마음 안에도 역시 하나님의 성령의 다디단 기쁨이 자라고 있습니다. 하나님께서는 눈물을 포도즙으로 바꾸셔서 상한 마음에 기쁨과 활력을 주십니다. 그러니 회개하는 영혼 아니면 누가 즐거워하겠습니까? 회개하는 사람은 모두 약속의 상속자이니 기뻐할 일 아닙니까? 하나님께서는 회개하는 마음 안에 거하시니, 그 마음에 기쁨이 있지 않겠습니까? "내가……잘못을 뉘우치고 회개하는 사람과도 함께 있다.……회개하는 사람과 같이 있으면서 그들의 상한 마음을 아물게 하여 준다."^{사 57:15} 회개는 그리스도인의 노래를 거두어 가는 것이 아니라 더 높고 감미로운 노래로 만들어 줍니다.

7. 낙심

죄인이 말합니다. "나는 회개해도 소용없습니다. 내 죄는 너무도 커서 희망이 없습니다." "너희는 어서 각기 자신의 사악한 길에서 돌이키고 너희의 행동과 행실을 고쳐라. 내가 이렇게 말하면 그들은 이르기를 '그럴 필요 없다.'"렘 18:11-12 우리의 죄는 산과 같은데, 과연 이 산이 어떻게 바다에 던져지겠습니까? 불신의 눈으로 보면 죄는 온통 핏빛이고 하나님은 엄정한 법복을 입고 있을 뿐입니다. 이럴 경우 영혼은 하나님께로 다가섰던 것보다 빠른 속도로 그분에게서 달아납니다. 이것은 위험합니다. 우리의 죄에는 자비가 필요한데 절망이 자비를 거절합니다. 절망은 그리스도의 피의 음료를 길바닥에 쏟아 버립니다. 유다가 저주를 받은 것은 배신과 살인 때문만은 아니었습니다. 그는 하나님의 자비를 불신했으므로 스스로 파멸했습니다. 우리가 왜 하나님을 그토록 엄격한 분으로만 생각해야 합니까? 그분의 속마음은 회개하는 죄인들에 대한 사랑으로 가득합니다.욜 2:13 자비는 정의를 기뻐합니다. 하나님의 분노가 아무리 뜨겁고 격해도 그분의 자비가 있으니 식고 누그러집니다. 하나님께서는 당신의 자비를 영광으로 여기십니다.출 33:18-19 우리 자신에게도 몇 방울의 자비가 있기는 합니다만, 하나님께서는 자비의 아버지이시니고후 1:3 우리 안에 있는 모든 자비는 그분에게서 비롯된 것입니다. 그분께서는 친절하시고 연민하시는 하나님이십니다. 우리가 울기만 하면 하나님의 마음이 누그러지십니다. 우리의 눈물이 떨어지는 순간, 하나님의 마음에서는 후회가 불같이 일어납니다.호11:8 그러니 희망이 없다 하지 맙시다. 여러분의 죄의 군대를 해산하십시오. 그러면 하나님께서도 당신의 심판을 향해 퇴각나팔을 울리실 것입니다. 기억하십시오. 크나큰 죄들이 하나님의 무한한 연민의 바다에 수장되었습니다. 므낫세는 길거리를 피로 물들였지만, 자신의 머리를 눈물의 샘으로 삼아 울자 하나님께서 자비를 보이셨습니다.

8. 벌받지 않으리라는 생각

사람들은 죄와 더불어 희희낙락하면서 하나님께서 여태까지 자신들을 가만히 놓아두셨으니 처벌하실 마음이 없는 것이라고 생각합니다. 재판이 연기되었는데 언제 또 열리겠느냐는 것입니다. "악인은 마음속으로 이르기를 '하나님은 모든 것에 관심이 없으며 얼굴도 돌렸으니 영원히 보지 않으실 것이다' 합니다."시10:11 주께서는 진실로 죄인들을 오래 참아 주시고 인내하심으로 회개를 권유하시지만, 죄인들이 얼마나 사악한지 보십시오. 주께서 형벌을 미루시니 저들도 회개를 미루고 있습니다. 하지만 인내의 기한이 곧 끝난다는 것을 알아야 합니다. 하나님께서 이처럼 말씀하실 때가 옵니다. "나의 영이 사람 속에 영원히 머물지는 않을 것이다."창6:3 채권자가 채무자의 빚을 유예해 준다 해서 그 빚이 면제되는 것은 아닙니다. 하나님께서는 인내의 모래시

계를 주시하고 계십니다. "내가 그에게 회개할 기회를 주었으나 그는 자기 음행을 회개하려 하지 않았다."계 2:21 이세벨은 음행에다가 회개하지 않는 죄까지 보탰습니다. 결과는 어떠했습니까? "보아라, 나는 그를 병상에다 던지겠다."계 2:22 쾌락의 침상이 아니라 고통의 병상이니, 거기서 여자는 자신의 악행으로 멸망해 죽을 것입니다. 하나님께서 활시위를 오래 당길수록 그 화살로 인한 상처 또한 깊을 것입니다. 인내를 거스르는 죄는 그 죄인의 지옥을 한층 더 뜨겁게 할 것입니다.

9. 비난에 대한 두려움

회개하는 순간 나는 사람들에게 경멸을 당할 것입니다. 여러분이 지혜의 말씀을 열심히 공부할 때 이교도들이 이처럼 말할 수 있습니다. "조롱과 비난을 각오하라." 하지만 여러분을 비난하는 그들이 누구인지 잘 생각해 봅시다. 그들은 하나님에 대해 무지하고 영적으로 혼미한 사람들입니다. 이처럼 정신없는 사람들이 여러분을 비난할까 싶어 걱정입니까? 미친 사람이 쳐다보며 웃는다고 신경 써야 합니까?

악한 자들이 무슨 연고로 여러분을 비난합니까? 여러분이 회개하기 때문입니까? 여러분은 여러분의 의무를 행하고 있을 뿐입니다. 그들의 비난을 여러분 머리에 쓰는 왕관으로 여기십시오. 비난이 두려워 회개하지 않고 있다가 하나님의 저주를 받느니 이교도들의 비난을 듣더라도 회개하는 편이 낫습니다.

신앙으로 인한 비난을 견딜 수 없다면 여러분 자신을 그리스도인이라 칭하지 마십시오. 루터는 말했습니다. "그리스도인은 십자가에 못 박힌 자와 같다." 고난은 성도의 제복입니다. 그러면 비난은 도대체 무엇이겠습니까? 십자가에서 떨어져 나온 부스러기, 곧 지극히 부분적인 고난일 뿐이니 마음에 담아 두지 말고 무시하는 편이 낫습니다.

10. 세상에 대한 과도한 사랑

에스겔의 청중이 완강히 반역한 것은 당연한 일이었으니, 애초부터 그들의 마음이 탐욕을 추구했기 때문입니다.겔 33:31 사람들은 세상에 시간과 마음을 너무 빼앗겨 회개할 수 없습니다. 그들은 자신들의 자루에 금덩이를 쓸어 담고 싶을 뿐 하나님의 병에 눈물을 쏟아 넣고 싶은 마음은 없습니다. 교회와 제단에는 관심이 없고 오로지 밭 가는 일에만 정성을 쏟는다는 회교도들의 이야기를 나는 읽은 바 있습니다. 이처럼 많은 이들이 회개에는 거의 관심을 보이지 않습니다. 그들은 흙으로 된 밭은 열심히 쟁기질하면서 마음은 묵정밭이 되도록 갈아엎을 생각을 하지 않습니다. 밭에 가시나무가 너무 많으니 말씀이 자라지 못합니다. 그리스도께서 베푸시는 잔치에 초대받은 사람들의 이야기가 성경에 있습니다. 하지만 이들은 세상일을 핑계 삼아 초청을 거절합니다. "한 사람은 그에게 말하기를 '내가 밭을 샀는데 가서 보아야 하겠소. 부디 양해해 주기 바라오' 하였다. 다른 사람은 '내가 겨릿소 다섯 쌍을 샀는데……'"눅 14:18-19 사람들은 농사짓고 장사하는 일에 시간을 너무 빼앗겨 영혼을 돌볼 여유가 없습니다.

황금 덩어리를 좇으니 은구슬 같은 눈물이 나오지 못합니다. 사르디니아 지방에 박하같이 생긴 풀이 있는데 너무 많이 먹으면 실성한 사람처럼 웃는다고 합니다. 세상도 그렇습니다. 과도하게 섭취하면 이 세상이 바로 그러한 풀(차라리 잡초)이니, 죽도록 회개해도 모자란 판에 죽도록 웃을 뿐입니다.

여기까지 회개의 방해 요인을 살펴보았습니다. 반드시 제거하여 회개의 물줄기가 시원하게 품어져 나오도록 합시다.

chapter **11.**

회개를 위한 몇 가지 수단 I

마지막으로 회개에 도움이 되는 몇 가지 규칙 혹은 수단을 처방하고자 합니다.

회개에 도움이 되는 첫 번째 수단은 깊은 생각입니다. "내가 내 행위를 생각하고 주의 증거들을 향하여 내 발길을 돌이켰사오며."^{시 119:59, 개역개정} 탕자는 돌이켜 자신의 그 심각한 방탕을 깊이 생각하고 회개했습니다. 베드로는 그리스도께서 하신 말씀을 생각하고 울었습니다. 깊이 성찰하기만 하면 죄악의 길에서 돌이킬 수단이 될 만한 확실한 것들이 있습니다.

1. 죄가 무엇인지 깊이 생각합시다

거기에는 분명히 우리가 회개해야 하는 악이 가득합니다. 죄에는 다음의 스무 가지 악이 있습니다.

첫째, 죄는 하나님을 떠납니다.^{렘 2:5} 하나님은 지고의 선이시고, 우리의 복됨은 그분과의 연합에 있습니다. 하지만 죄는 뿌리 깊은 편견처럼 우리의 마음을 하나님에게서 물러나게 합니다. 죄인은 하나님과 결별하고, 그리스도와 자비에게 작별을 고합니다. 죄를 향해 한 걸음씩 다가설 때마다 하나님에게서 한 걸음씩 멀어집니다. "너희가 주님을 버렸구나. 이스라엘의 거룩하신 분을 업신여겨서 등을 돌리고 말았구나."^{사 1:4} 사람은 태양에서 멀어질수록 어둠에 가까워집니다. 영혼은 하나님에게서 멀어질수록 비참함에 가까워집니다.

둘째, 죄는 하나님을 거역합니다.^{레 26:27} 히브리어로 이 단어는 "죄를 범하다"와 "반역하다"라는 두 가지 뜻을 가지고 있습니다. 죄는 하나님의 반대자입니다. 하나님의 생각이 이러하시면 죄의 생각은 저러합니다. 하나님께서 안식일을 거룩히 지키라 하시면 죄는 안식일을 범하라고 합니다. 죄는 하나님의 본성을 공격합니다. 죄가 그러한 속성을 포기한다면 하나님도 더 이상 하나님이 아닐 것입니다. "이스라엘의 거룩하신 분 이야기는 우리 앞에서 제발 그쳐라."^{사 30:11} 교만한 흙 한 줌이 들고일어나 자신의 창조주에게 반항하다니, 얼마나 끔찍한 일입니까!

셋째, 죄는 하나님을 모욕합니다. 죄는 그분의 법을 위반합니다. 이것은 진정 극악무도한 반역입니다. 왕에 대한 모욕으로 말하자면, 그 왕이 내린 칙령을 짓밟는 행위보다 더한 것이 있겠습니까? 죄인은 하늘의 법령을 모욕합니다. 그들은 주님께서 주신 율법을 쳐다보기조차 싫다는 듯 등집니다.^{느 9:26} 죄는 하나님의 마땅한 권리를 도둑질해 갑니다. 여러분이 누군가의 권리를 인정하지 않으면 곧 그 사람을 모욕하는 것입니다. 영혼은 하나님의 것입니다. 그분께서는 두 가지 면에서 영혼에 대한 권리를 주장하십니다. 즉, 그분께서 창조하셨으므로 그분 것이고, 값을 치르고 사셨으므로 그분 것입니다. 그런데 죄가 하나님의 정당한 소유인 이 영혼을 훔쳐 마귀에게 줍니다.

넷째, 죄는 심대한 무지입니다. 모든 죄는 무지에 기초한다고 중세 신학자들은 말합니다. 사람들이 정결하고 정의로우신 하나님을 안다면 이처럼 계속해서 죄악의 길을 갈 생각은 감히 하지 못할 것입니다. "참으로 그들은 악에 악을 더하려고 돌아다닐 뿐, 내가 그들의 하나님인 줄은 알지 못한다. 나 주의 말이다."렘 9:3 그러므로 무지와 욕망은 하나가 됩니다.벧전 1:14 무지는 욕망의 자궁입니다. 안개는 주로 밤에 발생합니다. 죄의 검은 안개는 대개 무지로 어두워진 영혼에서 피어오릅니다. 사탄은 안개로 죄인의 눈을 가려 하나님의 진노의 화염검을 볼 수 없게 합니다. 독수리는 먼저 모래밭으로 가 한바탕 뒹굴고서 사슴에게로 날아갑니다. 그렇게 가서 날개를 퍼덕여 사슴의 눈에 모래를 뿌리면 사슴이 앞을 볼 수 없게 되는데, 이때 독수리는 그 강력한 발톱으로 사슴을 움켜쥐는 것입니다. 창공의 독수리요 제왕인 사탄도 그렇습니다. 먼저 무지로 사람의 눈을 가려 못 보게 한 뒤에 유혹의 발톱으로 낚아채 상처를 입히는 것입니다. 죄는 무지입니까? 무지를 회개해야 할 크나큰 이유가 있습니다.

다섯째, 죄는 무모하고 위험합니다. 사람의 모든 범죄 행위는 명백한 영혼의 도박입니다. 그는 지금 밑바닥 없는 구덩이 주위를 걷고 있습니다. 어리석은 죄인들이여, 여러분의 영혼이 영원히 파멸할 수 있는데 기어코 죄를 지어야 하겠습니까? 독약을 마시는 자가 목숨을 잃지 않는다면 기적입니다. 아담은 금단의 열매를 한 번 맛보고서 낙원을 잃었습니다. 천사들은 죄 한 번 짓고서 천국을 잃었습니다. 사울은 죄 하나로 인해 왕국을 잃었습니다. 여러분은 이번에 짓는 죄 하나로 저주받은 자들 가운데로 떨어질 수 있습니다. 죄의 질주를 멈추지 않는 자들이여, 여러분이 계속 그렇게 미치도록 무모할진대, 하나님께서 과연 여러분을 하루 더 살려 두시거나 회개할 마음을 주실지 의문입니다.

여섯째, 죄는 더러움이 가득합니다. 야고보서 1:21은 이 죄를 "더러움"이라고 부릅니다. 그리스어로는 "궤양으로 부패한 것"이라는 뜻입니다. 죄는 역겨운 것이며^{신 7:25} 복수로는 역겨운 것들입니다.^{신 20:18} 죄의 이 더러움은 내재적입니다. 얼굴이 더럽다면 쉽게 씻을 수 있지만, 간이나 폐가 오염된 경우는 심각합니다. 그러한 오염이 바로 죄인데, 이 죄가 마음과 양심에 침투했습니다.^{딛 1:15} 이 죄는 율법 하에서 가장 부정한 것으로 간주되는 개짐^{여자가 월경 때 살에 차던 헝겊}에 비유됩니다.^{사 30:22} 죄인의 마음은 분노를 뿌린 들판과 같습니다. 어떤 사람들은 죄를 장식처럼 생각하지만, 사실 죄는 똥이라고 해야 합니다. 죄가 사람을 이처럼 더럽게 오염시키므로 하나님께서는 이 오염된 인간을 차마 쳐다보실 수 없는 것입니다. "나는 그들이 하는 일을 더 이상 참고 볼 수 없었다."^{슥 11:8}

일곱째, 죄에는 끔찍한 배은망덕이 있습니다. 죄인들이여, 하나님께서는 천사들의 음식으로 여러분을 먹이셨습니다. 여러분에게 그토록 무수한 자비를 둘러 주셨건만 여전히 여러분은 죄악 가운데 있습니까? 다윗이 나발을 두고 한 말이 있습니다. 그의 재산을 지켜 주었으나 모두 헛일이었다는 것입니다.^{삼상 25:21} 하나님도 그러하십니다. 공연히 죄인들에게 너무 많은 것을 베푸셨습니다. 하나님의 모든 자비가 죄인들을 비난하고 고발할 것입니다. 하나님께서 이처럼 말씀하실 것입니다. "나는 네게 지혜와 건강과 부를 주었건만 너는 오히려 내게서 받은 그 모든 것을 이용하여 나를 배신했다." "바로 내가 그에게 곡식과 포도주와 기름을 주었으며, 또 내가 그에게 은과 금을 넉넉하게 주었으나, 그는 그것을 전혀 모르고 그 금과 은으로 바알의 우상들을 만들었다."^{호 2:8} "내가 너희에게 양식을 보냈는데 너희는 그것으로 우상을 섬겼다." 우화에 나오는 이야기입니다만, 어떤 사람이 얼어 죽게 생긴 뱀을 불가로 들고 와 녹여 주었더니 오히려 몸이 풀린 그 뱀이 물었다는 것입니다. 죄인들이 꼭 그 뱀과 같으니, 하나님께 받은 자비로 오히려 그분을 물고자 합니다. "이것이 친구를 대하는 그대의 우정이오?"^{삼하 16:17} 하나님께서 죄를 지으라고 여러분에게 생명을 주셨습니까? 마귀를 섬기라고 여러분에게 급료를 지불하셨습니까?

여덟째, 죄는 저급한 것입니다. 죄는 사람의 명예를 떨어뜨립니다. "네가 쓸모없게 되었으니 내가 이제 네 무덤을 파 놓겠다."^{나 14절} 이는 왕에게 한 말이었습니다. 그는 태생적으로 악한 것이 아니라 죄로 인해 악해졌습니다. 죄는 우리의 명성을 더럽히고 우리의 피를 오염시킵니다. 죄보다 더 사람의 영광을 한순간에 치욕으로 바꾸는 것은 없습니다. 나아만에 대한 진술을 봅시다. 그는 존경받는 사람이었고 강한 용사였지만 나병에 걸리고 말았습니다.^{왕하 5:1} 세상에 제아무리 명성이 높고 대단한 사람일지라도 악하다면 결국 하나님의 눈에는 문둥병자일 뿐입니다. 죄를 자랑함은 스스로의 치욕을 자랑하는 것입니다. 죄수가 자신의 족쇄나 목에 걸린 올가미를 자랑함과 같습니다.

아홉째, 죄는 손실입니다. 모든 죄에는 무한한 손실이 있습니다. 이 죄라는 목초지에서 가축을 키워 번성한 자는 없었습니다. 죄로 인한 손실은 무엇입니까? 하나님을 잃습니다. 평화를 잃고 영혼을 잃습니다. 영혼은 하늘에서 내려보낸 거룩한 불꽃입니다. 창조의 꽃이었던 것입니다. 그런데 이 영혼의 손실을 무엇으로 보상할 수 있겠습니까?^{마 16:26} 영혼이 가면 재물도 갑니다. 죄로 인한 손실이 이처럼 무한합니다. 죄의 일이 이와 같으니 누구든지 죄에 종사하는 자는 멸망할 수밖에 없습니다.

열째, 죄는 짐입니다. "내 죄의 벌이 나를 짓누르니, 이 무거운 짐을 내가 더는 견딜 수 없습니다."^{시 38:4} 죄인은 차꼬를 차고 쇳덩이 추를 달고 갑니다. 죄의 짐은 언제나 그것을 짐으로 느끼지 못할 때가 가장 심각합니다. 죄는 발생했다 하면 무조건 짐입니다. 죄는 하나님에게도 짐입니다. 죄는 영혼에게도 짐입니다. 스피라가 진 짐이 얼마나 무거웠겠습니까? 양심의 부담이 얼마나 심했으면 유다가 스스로 목을 매어 그 양심을 침묵시켰겠습니까! 죄가 무엇인지 아는 사람이라면 그러한 짐을 지고 다닌 것을 마땅히 회개해야 합니다.

열한째, 죄는 빚입니다. 죄는 만 달란트의 빚에 비유됩니다.마 18:24 우리가 진 모든 빚 가운데 최악은 단연 죄의 빚입니다. 다른 빚을 졌다면 어디 타향으로 도망이라도 갈 수 있지만 죄의 빚을 지고는 도망도 못 갑니다. "내가……주님의 얼굴을 피해서 어디로 도망치겠습니까?"시 139:7 하나님께서는 당신에게 빚진 채무자들이 모두 어디에 가 있는지 알고 계십니다. 사람이 죽으면 다른 빚에서는 해방되지만 죄의 빚에서는 결코 해방될 수 없습니다. 이 죄의 빚을 탕감해 주는 것은 채무자의 죽음이 아니라 채권자의 죽음입니다.

열두째, 죄에는 속임수가 있습니다.히 3:13 악인이 받는 삯은 결국 헛것입니다.잠 11:18 죄는 속임수에 불과합니다. 우리를 즐겁게 하는 척하지만 결국은 속입니다! 죄는 야엘이 한 것처럼 합니다. 그녀는 우선 엉긴 우유로 시스라를 대접하고는 그의 관자놀이에 말뚝을 박아 죽였습니다.삿 5:26 죄는 우선 비위를 맞춘 다음에 죽입니다. 처음에는 여우였다가 나중에는 사자가 됩니다. 죄는 누구를 죽이든 배신합니다. 계시록의 그 메뚜기들은 죄의 완벽한 형상이요 상징입니다. "그 메뚜기들의 모양은……머리에는 금 면류관 같은 것을 쓰고……여자의 머리털 같은 머리털이 있고, 이빨은 사자의 이빨과 같고……전갈과 같은 꼬리와 침이 달려 있었는데."계 9:7-10 사람에게 돈을 먹이고 그 사람의 땅을 저당 잡는 고리대금업자와 같은 것이 바로 죄입니다. 그래서 죄는 죄인에게 즐거운 것을 먹이고 그의 영혼을 저당 잡습니다. 유다는 은돈 서른 닢으로 즐거워했지만 결국 그것은 거짓되고 헛된 재물이 되고 말았습니다. 지금 그에게 그 거래가 마음에 드느냐고 물어보십시오.

열셋째, 죄는 영적인 질병입니다. 어떤 사람은 교만의 질병을 앓고 어떤 사람은 정욕의 질병을 앓으며 어떤 사람은 원한의 질병을 앓습니다. 죄인은 환자와 같습니다. 환자는 입맛이 정상이 아니므로 아무리 단 것도 쓰기만 합니다. 꿀보다 단 하나님의 말씀 또한 죄인에게는 쓰기만 할 뿐입니다. "단 것을 쓰다고 하는 자들에게 재앙이 닥친다!"사5:20 그러므로 죄가 질병일진대 소중히 품어 안을 것이 아니라 회개로 치료함이 마땅합니다.

열넷째, 죄는 속박입니다. 죄는 사람을 마귀의 견습생으로 보내 버립니다. 인간이 처한 최악의 상태는 노예 상태입니다. 모든 사람은 죄의 끈에 묶여 있습니다. "회심 이전에 나를 묶고 있었던 것은 쇠사슬이 아니라 나의 완강한 고집이었다"고 아우구스티누스는 말했습니다. 죄는 오만하고 압제적입니다. 죄는 법이라고 불리는데,롬8:2 그것은 사람을 구속하는 죄의 능력이 그만큼 크기 때문입니다. 죄인은 죄가 시키는 대로 해야 합니다. 그래서 자신의 정욕을 즐기는 것이 아니라 오히려 섬기며, 이 정욕을 완전히 만족시키기 위해 엄청난 노력을 바칩니다. "내가 보니, 종은 말을 타고 상전은 종처럼 걸어다니는 일이 있더라."전10:7 왕 같은 존재로서 한때 권좌에 앉아 지혜와 거룩의 왕관을 쓰고 있던 영혼이 이제는 죄의 하인이 되어 마귀의 심부름을 합니다.

열다섯째, 죄는 전염성이 강한 고질병입니다. 죄는 죄지은 당사자는 물론 다른 사람들마저 해롭게 합니다. 한 사람의 죄는 다른 사람이 죄를 짓는 계기가 될 수 있습니다. 봉화가 한번 솟아오르면 그 나라의 모든 봉화가 잇달아 피어오르는 것과 같습니다. 한 사람의 죄가 많은 사람을 오염시킬 수 있습니다. 전염병이 있는 자가 사람들과 섞이는데, 자신으로 인해 얼마나 많은 사람들이 그 역병에 전염되는지 알지 못합니다. 사람들 앞에서 보란 듯이 죄짓고 다니는 여러분 역시 여러분으로 인해 얼마나 많은 사람들이 전염되는지 알지 못합니다. 여러분은 모르겠지만, 지금 지옥에서 많은 사람들이 여러분들의 그 악한 선례만 없었더라면 자신들은 결코 지옥으로 떨어지지 않았을 거라고 절규하고 있을 것입니다.

열여섯째, 죄는 성가신 것입니다. 죄는 언제나 문제를 일으킵니다. 하나님께서 여자에게 내린 저주는 모든 죄인들에게 그대로 적용됩니다. "너는 고통을 겪으며 자식을 낳을 것이다." 창 3:16 사람이 죄를 구상하느라 애쓰고 마침내 죄가 잉태되면, 그는 결국 고통스럽게 그 죄를 낳게 됩니다. 그러니 죄짓는 자는 애써서 수문을 열고자 하는 이와 같습니다. 그토록 고생해서 수문을 열었건만 쏟아져 나온 물에 휩쓸려 익사하는 형국입니다. 사람이 온갖 지혜를 짜내어 죄를 고안하는데, 결국 그 죄가 양심을 괴롭히고 재산의 손실을 불러오며 집의 벽과 대들보를 무너뜨립니다. 슥 5:4

열일곱째, 죄는 어리석은 일입니다. 원수를 기쁘게 하는 것보다 정신없는 일이 있습니까? 죄는 사탄을 기쁘게 합니다. 정욕이나 분노로 영혼이 불타오르면 사탄이 와서 뜨듯하게 불을 쬡니다. 사람의 죄는 마귀를 즐겁게 합니다. 삼손은 블레셋 통치자들의 즐거움을 위해 불려 나갔습니다.[삿 16:25] 죄인들 역시 마귀를 즐겁게 하고 있습니다. 사람들이 죄짓는 모습을 보는 것은 마귀가 즐기는 고기요 술입니다. 세상을 얻으려고 자신의 영혼을 걸고 무모한 모험을 하는 사람들을 보며 마귀가 얼마나 웃겠습니까. 그것은 지푸라기를 얻으려고 다이아몬드를 거는 행위와 같고, 송사리 몇 마리 잡으려고 황금 낚싯대를 사용함과 다를 바 없습니다. 악한 자들은 모두 심판의 날에 그 어리석음을 추궁당할 것입니다.

열여덟째, 모든 죄는 잔인합니다. 여러분은 죄를 지음으로써 매번 자신의 영혼을 칼로 찌릅니다. 여러분은 죄는 친절히 대하면서 여러분의 영혼은 잔인하게 대하니, 돌로 제 몸에 상처를 내는 복음서의 그 남자와 다를 바 없습니다.[막 5:5] 죄인은 칼을 빼어 자결하려는 간수와 같습니다.[행 16:27] 영혼이 살려 달라고 소리칠 것입니다. 동물학자들이 보고하기를 매는 물보다 피를 더 마시고 싶어 한다고 합니다. 죄는 영혼의 피를 마십니다.

열아홉째, 죄는 영적인 죽음입니다. 허물과 죄로 죽은 것입니다.[엡 2:1] 아우구스티누스가 말하기를, 회심 이전에 자신은 디도•

• 카르타고의 전설상 시조로서, 아에네아스를 남편으로 얻지 못해 칼로 자결했다(주전 10세기).

의 죽음에 관해 읽고 울음을 금할 수 없었다고 했습니다. "하지만 아에네아스에게 버림받은 디도의 죽음은 슬퍼하면서 하나님께 버림받은 내 영혼의 죽음은 슬퍼하지 않은 나 자신이야말로 얼마나 불쌍한 인간이었더냐" 하고 그는 말했습니다. 죄가 살면 영혼이 죽습니다.

죽은 자는 감각이 없습니다. 그러므로 중생하지 않은 사람은 하나님에 대한 감각이 없습니다.엡 4:19 구원을 생각하도록 잘 설득하면 됩니까? 죽은 자에게 연설을 한들 무슨 소용입니까? 가서 그의 악행을 꾸짖으면 됩니까? 죽은 자를 때린들 무슨 소용입니까?

죽은 자는 미각이 없습니다. 앞에다 잔칫상을 차려 놓아도 즐기지 못합니다. 죄인도 그렇습니다. 그리스도의 단맛, 약속의 단맛을 그는 알지 못합니다. 죄인에게 그리스도와 약속은 죽은 자의 입 속에 넣는 음료일 뿐입니다.

죽은 자는 부패합니다. 마르다가 나사로를 일러 이렇게 말했습니다. "주님, 죽은 지가 나흘이나 되어서 벌써 냄새가 납니다." 요 11:39 하물며 죄로 인해 죽은 지 삼사십 년씩이나 된 사악한 자들에 대해서야 당연히 이처럼 말해야 하지 않겠습니까? "벌써 냄새가 납니다."

스물째, 회개 없는 죄는 저주에 이르고 맙니다. 장미가 제 안에 생긴 잎마름병으로 죽어 버리듯, 사람들 또한 제 영혼에 생긴 죄악으로 죽습니다. 트로이 목마의 그리스인들에 대해 이러한 말이 있었습니다. "이 기계가 너희 도시를 파괴할 것이다." 회개하지 않는 죄인들에 대해서도 같은 말을 할 수 있습니다. "이 죄의 기계가 너희 영혼을 파괴할 것이다." 죄의 마지막 장면은 언제나 비극적입니다. 디아고라스 플로렌티누스는 장난삼아 독약을 마시고 목숨을 잃었습니다. 사람들은 재미로 죄의 독을 마시고 영혼을 잃습니다. 죄의 삯은 죽음입니다.^{롬 6:23} 솔로몬이 술에 대해 한 말은 죄에 대해서도 적용될 수 있습니다. 술이나 죄나 처음에는 색깔이 좋고 순하게 넘어가지만 결국에는 뱀처럼 물고 독사처럼 쏩니다.^{잠 23:31-32} 그리스도께서는 우리에게 구더기와 불을 말씀하십니다.^{막 9:48} 죄는 기름과 같고 하나님의 진노는 불과 같습니다. 저주받은 자들이 계속해서 죄를 짓는 한 진노의 불은 극렬히 타오를 것입니다. 그러니 우리들 가운데 누가 꺼지지 않는 불덩이를 견디어 내겠습니까?^{사 33:14} 하지만 사람들은 이 진리에 의문을 제기하며 저 불경한 데보낙스와 다를 바 없이 행동합니다. 데보낙스는 그렇게 악행을 저지르다가는 지옥에 가리라는 경고를 비웃으며 이처럼 말했습니다. "내가 지옥에 가면 비로소 지옥이 있음을 믿겠지만 그 전까지는 결코 믿지 않겠다." 우리는 사람들 앞에 지옥을 불러와 보여줄 수 없으니 그들이 직접 지옥으로 갈 수밖에 없습니다.

이렇게 해서 죄의 치명적인 악을 살펴보았습니다. 깊이 생각해서 회개하고 하나님께 돌아서야 할 것입니다. 이 모든 것에도 불구하고 죄를 고집하며 지옥의 여행을 강행하겠다면 누가 말리겠습니까? 죄가 영혼을 파괴하는 암초라는 점은 그들도 이미 들었습니다. 그럼에도 그들이 자진해서 그 암초로 돌진하여 좌초

한다면, 그들의 피에 대한 책임은 결국 그들 자신에게 있습니다.

2. 하나님의 자비를 깊이 생각합시다

돌은 부드러운 베개를 만나서 누그러지고, 돌 같은 마음은 하나님의 자비의 베개를 만나서 누그러집니다. 하나님께서 인자하심을 베푸셔서 그대를 인도하여 회개하게 하십니다.^{롬 2:4} 군주가 관용을 베풀면 죄인의 마음이 더 빨리 누그러집니다. 하나님께서는 다른 사람들에게는 진노하시며 심판을 내리셨지만 여러분에게만은 자비를 베풀며 달래셨습니다.

우리는 어떤 개인적인 자비를 받았습니까? 어떤 해악이 방지되고 어떤 두려움이 사라졌습니까? 우리가 넘어질 때마다 하나님의 자비가 우리를 붙들어 세웠습니다.^{시 94:18} 자비는 언제나 우리와 위험 사이로 난 차단막이었습니다. 원수들이 사자처럼 덮쳐 우리를 삼키려 할 때, 값없이 주시는 은혜가 그 사자들의 입에서 우리를 건져 냈습니다. 성난 파도에 휩쓸릴 때도 우리의 머리가 물속으로 잠기지 않도록 자비의 팔이 언제나 밑에서 받쳐 주었습니다. 개인적으로 받은 은혜가 이와 같을진대 마땅히 회개해야 하지 않겠습니까?

우리가 얼마나 절대적인 자비를 받았는지 모릅니다! 먼저, 공급하시는 자비입니다. 하나님께서는 아낌없는 후원자이셨습니다. "내가 태어난 날로부터 오늘에 이르기까지 나의 목자가 되어 주신 하나님."^{창 48:15} 어떤 사람이 자신의 원수에게 밥상을 차려 주겠습니까? 하지만 하나님께서는 우리가 원수였음에도 우리를 먹이셨습니다. 우리에게 기름병을 주셨습니다. 우리에게 자비의 꿀을 떨어뜨려 주셨습니다. 우리가 당신의 가장 신실한 종인 양 친절히 대해 주셨습니다. 공급하시는 자비가 이러할진대 마땅히 회개해야 하지 않겠습니까? 다음으로, 구원하시는 자비입니다. 우리가 무덤 입구까지 갔을 때 하나님께서 기적적으로 우리의 생명을 보존해 주셨습니다. 그분께서는 죽음의 그림자를 새벽빛으로 바꾸시고 우리의 입에 구원의 노래를 넣어 주셨습니다. 구원의 자비가 이러하니 회개해야 하지 않겠습니까? 주께서는 당신의 자비로 우리의 마음을 깨뜨리려고 애쓰셨습니다. 천사(예언자)가 자비의 말씀을 선포하자 백성들이 소리 높여 울었습니다.삿 2:4 우리의 눈물을 쏟아 내게 하는 어떤 것이 있다면 틀림없이 그것은 하나님의 자비일 것입니다. 이처럼 튼튼한 하나님의 자비의 밧줄을 붙잡고도 회개의 자리로 나아가지 않는 사람은 실로 지독한 죄인입니다.

3. 하나님께서 보여주시는 고난의 섭리를 깊이 생각합시다

그 고난의 불길이 밑에서 타오르는데도 과연 우리의 증류기에서 눈물이 떨어지지 않을 것인지 봅시다. 하나님께서는 최근 몇 년 동안 우리를 십자가의 학교에 보내셨습니다. 그분께서는 심판을 엮어 만드셨습니다. 다음의 두 가지 경고를 우리에게 실행해 보이셨던 것입니다. "내가 좀으로 에브라임을 칠 것이다"호 5:12—영국의 상업이 쇠퇴했으니 실제로 하나님께서 영국을 좀으로 치신 것 아닙니까? "내가 사자처럼 에브라임에게 달려들겠다."호 5:14— 영국이 그 포악한 역병1665년의 흑사병을 겪었으니 실제로 하나님께서 사자처럼 달려들어 영국을 치신 것 아닙니까? 하나님께서는 이 모든 일이 벌어지는 동안 줄곧 우리의 회개를 기다리셨습니다. 하지만 우리는 변함없이 죄를 짓고 있었습니다. "내가 귀를 기울이고 들어 보았으나……자신의 악행을 뉘우치는 사람은 하나도 없었다."렘 8:6 마침내 하나님께서는 근자에 들어 불의 회초리로 우리를 치셨으니 이 도시의 그 엄청난 화염1666년의 런던 대화재이 그것입니다. 이 화염은 모든 원소들이 불에 녹아 버리는벧후 3:10 마지막 날의 대화재를 상징하는 것이었습니다. 요압은 자신의 곡식이 불에 타자 압살롬에게 달려갔습니다.삼하 14:31 하나님께서는 우리가 회개하며 당신께 달려가도록 우리들의 가옥을 불로 태우셨습니다. "들어라! 주님께서 성읍을 부르신다.……너희는 매를 순히 받고 그것을 정한 나에게 순종하여라."미 6:9 이것은 매의 전언이니, 우리는 마땅히 하나님의 능력의 손 아래로 우리 자신을 낮추고, 의를 행함으로써 우리의 죄와 단절해야 한다는 것입니다.단 4:27 므낫세는 고통을 당하여 회개했습니다.대하 33:12 하나님께서는 이처럼 고통이라는 적절한 약을 사용하여 우리의 세속적 안일을 치료하십니다. 그들의 어머니가 우상숭배로 음행을 저질렀습니다.호 2:5 이제 하나님께서는 이 여인을 어떻게 다루십니까? "그러므로 내가 이제 가시나무로 그의 길을 막고."호 2:6 이것이 하나님의 방법이니, 곧 고통의 가시울타리를 쳐서 길을 막는 것입니다. 그러므로 교만한 자에게는 치욕이 가시요 음란한 자에게는 질병이 가시입니다. 죄로 향하는 것을 막을 뿐 아니라 계속 찔러서 회개로 향하게 하는 것입니다.

주께서는 기드온이 숙곳 사람들에게 한 방식대로 당신의 백성들을 가르치십니다. "기드온은 그 성읍의 장로들을 체포한 다음에, 들가시와 찔레를 가져다가 숙곳 사람들을 응징하였다."삿 8:16 이는 고통스러운 교훈이었습니다. 하나님께서도 최근 들어 가시와도 같은 고통의 섭리로 우리에게 겸손을 가르치셨습니다. 그분께서는 우리에게서 황금양피를 잡아채 가셨습니다(그리스 신화에 나오는 부와 권력의 상징인 그 황금양피일 것으로 생각된다—옮긴이). 우리들의 집을 쳐 가난하게 하셨으니, 이는 우리의 마음을 가난하게 하시려는 뜻이었습니다. 지금 아니면 언제 우리가 한없이 울겠습니까? 하나님의 심판은 회개를 이끌어 내기에 부족함이 없는 수단입니다. 하지만 그분의 그 엄정한 처벌에도 사람들이 죄를 끊지 못하니 하나님께서 의아해하시며 이처럼 노여워하십니다. "그래서 추수하기 석 달 전에 내리는 비도 너희에게는 내리지 않았다.……내가 옛날 이집트에 전염병을 내린 것처럼 너희에게도 내렸다."암 4:7, 10 하지만 하나님의 노여움은 정작 여기에 있습니다. "그런데도 너희는 나에게로 돌아오지 않았다."10절

주께서는 심판을 점진적으로 진행하십니다. 처음에는 작은 십자가를 보내시고, 그것이 듣지 않을 때는 더 큰 십자가를 보내십니다. 처음에는 가벼운 오한으로 시작하셨다가 그 후로는 펄펄 끓는 신열을 내리십니다. 어떤 사람은 바다에서 난파를 당해 재산을 잃습니다. 그 다음에는 아이를 잃고, 다시 남편을 잃습니다.

이처럼 하나님께서는 단계적으로 사람들을 회개의 자리로 데려 가십니다.

그리고 가끔씩은 가정에서 가정으로 돌아가며 심판을 내리십 니다. 고통의 잔이 온 나라를 돌았고, 모두가 그 잔을 마셨습니 다. 따라서 지금 당장 회개하지 않는다면 우리는 사실상 하나님 을 모욕하는 것이고, 어디 한번 해보시라며 그분께 은근히 대드 는 셈입니다. 이처럼 극단적인 악은 용서받기 어려울 것입니다. "그날에 주 만군의 하나님께서 너희에게 통곡하고 슬피 울라고 하셨다.……그런데 너희가 어떻게 하였느냐? 너희는 오히려 흥 청망청 소를 잡고 양을 잡고 고기를 먹고 포도주를 마시며…… 그래서 만군의 주님께서 나의 귀에 대고 말씀하셨다. '이 죄는 너희가 죽기까지 용서받지 못한다.'"사 22:12-14 말하자면, 이 죄는 희생제사로도 용서받지 못할 것입니다.

모두가 재난을 당해 고통스러운 시기에 제 집 창가에서 장미 화관을 쓰고 장난하다 발각된 청년을 로마인들은 엄히 처벌했 습니다. 하물며 날마다 악함을 더해 가며 하나님의 심판 앞에서 도 코웃음 치는 자들이야 얼마나 더 가혹한 처벌을 받아야 하겠 습니까. 이교도 선원들은 폭풍우를 만나자 회개했습니다.욘 1:14 우리가 지금 회개하고 우리의 죄를 배 밖으로 던지지 않는다면 이교도들보다 악한 것입니다.

4. 끝까지 회개하지 않을 경우,
우리가 책임져야 할 것들이 얼마나 많겠는지 헤아려 봅시다

얼마나 많은 기도와 권고와 훈계가 우리의 부채로 기록될 것인지 생각해 봅시다. 우리가 들었던 모든 설교들이 각각 고소장이 되어 나타날 것입니다. 진정으로 회개한 사람들은 그리스도께서 책임져 주실 것입니다. 그분의 피가 그들의 죄를 씻어 낼 것입니다. 값없이 주시는 은혜의 옷이 그들의 죄를 가려 줄 것입니다. "그날이 오고 그때가 되면 내가 살아남게 한 사람들을 용서할 터이니, 이스라엘의 허물을 아무리 찾아도 찾지 못하고, 유다의 죄를 아무리 찾아도 발견하지 못할 것이다. 나 주의 말이다." 렘 50:20 양심의 하급법원에서 스스로를 심판한 사람들은 하늘의 대법정에서 사면받을 것입니다. 하지만 우리가 회개하지 않는다면, 마지막 날에 우리의 모든 죄가 낱낱이 계수될 것이며, 우리는 어떠한 변호자도 없이 직접 나서서 이 모든 죄를 해명하고 책임져야 할 것입니다. 회개하지 않는 죄인들이여, 장차 심판관의 얼굴을 어떻게 볼 수 있을지 한번 생각해 봅시다. 여러분은 호소할 근거가 전혀 없고 따라서 틀림없이 법정에서 패소할 것입니다. "내가 무슨 낯으로 하나님을 뵈며, 하나님이 나를 심판하러 오실 때에 내가 무슨 말로 변명하겠는가?" 욥 31:14 그러니 지금 즉시 회개하든가 아니면 장차 하나님의 법정에 나아가 스스로 변론할 수 있도록 답변을 준비하십시오. 하지만 하나님께서 심판하러 오시면 무슨 말로 변명하겠습니까?

chapter **12.**
회개를 위한 몇 가지 수단 II

회개에 도움이 되는 두 번째 수단은 자세한 비교입니다. 회개한 자와 회개하지 아니한 자의 상태를 비교하여 그 차이점을 헤아려 봅시다. 말씀의 등불을 켜 들고 회개하지 아니한 자의 가장 비참한 상태와 회개한 자의 가장 평안한 상태를 살펴봅시다. 제 아버지 집으로 돌아오기 전 탕자의 상태는 얼마나 슬픈 것이었습니까! 그는 모든 것을 탕진하고 죄를 지어 거지가 되었으며, 남은 것이라고는 돼지 밥 한 줌뿐이었습니다. 그는 돼지와 동류였던 것입니다. 하지만 그가 제 아버지 집으로 돌아왔을 때는 어떠했습니까. 돌아온 그를 위해서라면 아까운 것이 없었습니다. 그가 입을 예복과 손가락에 낄 반지가 대령되었고, 살진 송아지를 잡아 차린 잔칫상이 마련되었습니다. 죄인이 계속해서 회개하지 않고 있으면 결국 그리스도와 작별하고 자비를 떠나보내게 됩니다. 하지만 회개하면 그는 즉시 천국을 소유하게 됩니다. 그리스도가 그의 것이 되고 모든 일이 평화롭습니다. 그는 자신의 영혼에게 안식의 노래를 불러 주며 이처럼 말할 수 있습니다. "영혼아, 여러 해 동안 쓸 많은 물건을 쌓아 두었으니 너는 마음 놓고 먹고 마시고 즐겨라."^{눅 12:19} 하나님께 돌아섬으로써 우리는 아담 안에서 잃은 것보다 더 많은 것을 그리스도 안에서 회복하게 됩니다. 회개하는 영혼에게 하나님께서 말씀하십니다. "내가 네게 정의의 옷을 입혀 주겠다. 내 성령의 보화와 은혜로 너를 부요하게 하겠다. 내 사랑을 네게 쏟아 붓겠다. 네게 왕국을 주겠다. 아들아, 내가 가진 모든 것은 다 네 것이다." 오, 친구들이여, 회개 이전과 이후의 여러분의 상태를 비교해 보십시오. 여러분이 회개하기 전에는 먹구름과 폭풍우 외에는 보이는 것이 없었으니, 하나님의 얼굴에 드리운 먹구름이요 여러분의 양심에 몰아닥친 폭풍우였습니다. 하지만 회개한 이후 날씨가 어떻게 바뀌었습니까! 위에서는 햇빛이 쏟아지고, 내면은 고요히 가라앉았습니다. 그리스도인의 영혼은 올림포스 산과 같으니, 모든 것이 밝고 맑으며 바람은 항시 잔잔합니다.

회개에 도움이 되는 세 번째 수단은 죄를 떠나겠다는 굳은 결심입니다. 막연한 기대가 아니라 결연한 맹세입니다. "주님의 의로운 규례들을 지키려고 나는 맹세하고 또 다짐합니다."^{시 119:106} "죄의 온갖 즐거움과 계략에도 나는 결단코 맹세를 저버리지 않겠다. 죄를 떠나는 것이 좋은지 안 떠나는 것이 좋은지 망설이지 않을 것이며, 혈과 육으로 더불어 상의하는 일도 없을 것이다.

오히려 에브라임처럼 나는 말하겠다. '나는 이제 우상들과 아무 상관이 없습니다.'호 14:8 나는 이제 더 이상 죄와 사탄에게 속지 아니할 것이다. 바로 오늘 나는 내 정욕의 손에 이혼장을 쥐어 주겠다." 우리가 이처럼 단호한 결심에 이르지 아니하면 죄는 여전히 우리를 지배할 것이며, 우리는 결코 이 뱀을 손에서 털어 낼 수 없을 것입니다. 죄의 원수가 되기로 결심하지 아니한 자가 죄에 정복당하는 것은 불문가지입니다.

그러나 이러한 결심은 우리의 능력이 아니라 오직 그리스도의 능력을 힘입어 세워져야 합니다. 이 결심은 겸손해야 합니다. 다윗은 골리앗을 향해 싸우러 나아갈 때 군장은 물론 자신의 그 오만한 자신감도 모두 내려놓고 나아갔습니다. "나는……만군의 주님의 이름을 의지하고 너에게로 나왔다."삼상 17:45 우리 또한 그리스도의 능력에 의지하여 우리의 골리앗인 정욕을 향해 싸우러 나아가야 합니다. 힘이 약하면 다른 사람과 동맹을 맺는 것이 예사입니다. 그러니 죄를 떠날 능력이 부족한 우리 자신의 처지를 깨닫고 그리스도를 우리의 동맹으로 삼아 그분의 능력으로 우리의 죄악을 죽여 없앱시다.

회개에 도움이 되는 네 번째 수단은 간곡한 청원입니다. 이교도들은 한 손을 쟁기 위에 얹고 또 한 손은 곡식의 여신 케레스를 향해 치켜들었습니다. 이처럼 우리도 회개의 수단들을 사용할 때는 고개를 들어 하나님을 보고 축복을 요청합시다. 회개의 마음을 달라고 기도합시다. "회개를 명하신 주님, 내게 회개의 은혜를 주소서." 우리의 마음이 눈물을 떨어뜨리는 거룩한 증류기가 되게 해달라고 기도합시다. 주께서 베드로를 사랑의 눈으로 바라보시자 베드로는 못 견디고 밖으로 나가 통곡했습니다. 베드로에게 보내신 그 사랑의 눈길을 우리에게도 보내 달라고 그리스도께 간청합시다. 하나님의 성령의 도우심을 그리스도께 간청합시다. 성령께서 우리 마음의 바위를 치셔야 물이 쏟아져 나옵니다. "주님은……그것들을 녹이시고 바람을 불게 하시니 얼음이 녹아서 물이 되어 흐른다."시 147:18 하나님의 성령의 바람이 불면 마음이 녹아 눈물로 흘러내립니다.

우리가 반드시 하나님 앞에 나아가 회개를 간청해야 할 충분한 이유가 있습니다. 첫째, 회개는 그분의 선물이기 때문입니다. "이제 하나님께서는 이방 사람들에게도 회개하여 생명에 이르는 길을 열어 주셨다."행 11:18 회개는 우리의 능력에 달려 있다고 알미니안주의자들은 주장합니다. 우리는 우리의 마음을 굳어지게 할 수는 있어도 부드럽게 할 수는 없습니다. 이 자유의지의 왕관은 일찍이 우리의 머리에서 떨어져 내렸습니다. 이제 우리는 무기력할 뿐 아니라 완악하기까지 합니다.행 7:51 그러니 하나님께 회개하는 마음을 간청합시다. 그분께서는 돌 같은 마음에서 피가 흐르게 하실 수 있습니다. 그분의 말씀은 창조적인 능력의 말씀입니다.

둘째, 우리는 반드시 하나님을 의지하여 축복을 요청해야 하는데, 이는 그분께서 우리에게 회개의 마음을 주겠다고 약속하셨기 때문입니다. "내가 너희 몸에서 돌같이 굳은 마음을 없애고 살갗처럼 부드러운 마음을 주겠다."겔 36:26 내가 내 아들의 피로 너희의 돌 같은 마음을 부드럽게 하겠다." 하나님의 이 친필서명을 그분 앞에 내보입시다. 그리고 은혜로운 약속이 또 있습니다. "그들이 온전한 마음으로 나에게 돌아와서 나의 백성이 되고, 나는 그들의 하나님이 될 것이다."렘 24:7 이 약속을 기도로 바꿉시다. "주님, 온전한 마음으로 당신께 돌아설 수 있는 은혜를 제게 주소서."

회개에 도움이 되는 다섯 번째 수단은 하나님을 더 명확히 발견하려는 노력입니다. "이제는 제가 제 눈으로 주님을 뵙습니다. 그러므로 저는 제 주장을 거두어들이고, 티끌과 잿더미 위에 앉아서 회개합니다."욥 42:5-6 하나님의 영광과 정결하심을 본 욥은 겸손한 회개자로서 스스로를 혐오했으며, (혹은 히브리어의 뜻 그대로) 자신을 책망했습니다. 하나님의 거룩하심이라는 투명한 거울을 들여다봄으로써 우리는 우리 자신의 흠을 볼 수 있고, 따라서 그러한 흠을 슬퍼할 수 있는 것입니다.

마지막으로, 우리는 믿음의 노력을 경주해야 합니다. 그런데 이 믿음이 회개와는 무슨 관련이 있습니까? 그렇습니다. 믿음은 그리스도와의 연합을 낳습니다. 그러므로 죄와 결별해야 비로소 그리스도와 연합하는 일이 가능합니다. 믿음의 눈은 자비를 바라보고 그로 인해 마음이 녹아내립니다. 믿음은 우리를 그리스도의 피 앞으로 데려가고, 그 피로 인해 마음이 부드러워집니다. 믿음은 하나님의 사랑을 확신시켜주고, 그 사랑이 우리를 울게 합니다.

이와 같이 회개에 도움이 되는 수단들을 살펴보았습니다. 이제 시작하는 일만 남았습니다. 그러므로 멋스러운 검객이 아니라 전쟁터의 군인과 같은 마음으로 이 일에 임합시다. 시편의 말씀으로 마무리하겠습니다.

울며 씨를 뿌리러 나가는 사람은 기쁨으로 단을 가지고 돌아온다.시 126:6